富翁系列 M013

穩中求富的
安心理財法

洪世杰 博士◎著

COSMAX
PUBLISHING Co.
Since 1981

 文經社

一新耳目的實用投資教戰手冊

美國特許財務分析師（CFA），前中央銀行理事 溫英幹 教授

　　洪教授寄來他即將出版的新著書稿，邀請我寫序，深感榮幸。當時我和內人正旅行到西班牙西北角的拉克魯納市（La Coruna），與旅居在此的女兒一家相聚。在這個風景優美，海灣秀麗的小城市一角（俗稱世界盡頭之城，the City of the End of the World），捧著電腦研讀他隔著半個地球經由網路從台灣寄來的電子檔，內心非常感動與驚喜。這麼一本實用又有趣的書，文筆優美，又帶著幽默，讓人讀了不忍釋手。書中跳脫傳統投資學理論與實務的框架，而用嶄新的角度來教導讀者如何正確投資金融市場，是一本實用型投資教戰新手冊，相信會引起大眾廣泛的注意。

　　讀者會立刻發現，這本書絕不人云亦云；不像一般投資理財的書籍，洋洋灑灑，卻不一定切合實用。它別開生面地從健全及安全理財的觀念出發，探討如何在充滿誘惑與意外的金融市場上保住本金，並且持續以複利模式累積財富，達到所得替代與資產替代的目標，進而實現人生理想。也用不同的視野剖析如何在金融投資上安全獲利，包括短、中、長期，以全方位觀點來理財，

還貼心地放入許多的實例，以幫助讀者深入了解這套方法並易於應用。

　　大學的投資學教科書提及高報酬伴隨高風險的投資組合理論，基金公司或投資經理就藉此告訴客戶，過去的績效不能擔保未來有同樣的績效，也不能擔保投入的本金能全數回收，客戶須自擔風險。而幫客戶操盤的理專或投資經理人都「立於不敗之地」，因為不論客戶賺賠，他們都有手續費或管理費的收入（2008 年的金融風暴，大多數投資者的資金損失慘重，包括代客操盤的資金，可為明證）。但本書告訴讀者，投資最重要的是安全保本，並教導讀者如何在安全保本之外，靠著低風險高報酬的模式與方法獲利。這個方法不是空洞的理論，而是符合邏輯的各種投資工具與技巧，讀了令人耳目一新。

　　如同投資學大師巴菲特所說：「投資者並不需要做對很多事情，重要的是要能不犯重大的過錯。」2008 年發生金融危機，美國的 S&P500 大盤指數大跌 38％，2009 年雖大漲，但漲幅只達 23％，還是沒有完全漲回來（需要漲 61％），而在 2007 年高檔把錢存銀行的人卻仍保有本息，而且吃好睡好。這些現象驗證了股票市場

如戰場或球場，少犯錯者就贏了。書中除了告訴讀者如何少犯錯之外，最重要的是怎樣在安全的前提下獲利，甚至躲過金融風暴，這是與其他投資書籍很大不同的地方。

投資人首先要立定合適的理財目標——這與自己的年紀、收入、資產及風險承受度有關（一般投資學也有提到）。但本書教導投資人如何做獨立思考，方能不迷失在各種資訊及理專或分析師的建議或言論中，因為他們說的不一定客觀，所以要在各種資訊中釐清分辨哪些是可用的，哪些可以幫助我們達到目標。雖然有了目標，但金融市場是一頭怪獸，市場波動無法預測，因此也不要盲目聽信預測師（相當於算命先生）的話。

伊利斯（Charles Ellis）在其經典著作《投資政策》（Investment Policy）一書提到，所謂的大盤就是金融市場所有一流的投資專家一起打拚出來的結果，因此大部分的共同基金都比不上大盤的績效。他認為最好的投資工具是大盤指數基金。本書指出大盤其實是不易捉摸的「怪獸」，而投資在基金上的風險也很高（金融危機是連大盤都會崩盤的），所以不贊成盲目投資於基金。正確的方式

應是依書中所建議的步驟逐步實行，做出明智的、風險分散的資產配置，如此即可打敗金融怪獸，在金融市場上安全獲利，實現投資目標。不然，還是乖乖將錢放在有政府保障的銀行存款內，讓通貨膨脹緩慢侵蝕，總比被金融怪獸大口吞吃來得好。這些立論都是相當新穎中肯的。

此外，近幾年我從事依照《聖經》原則理財的教導事工，其中一個重要的原則是不負債。《聖經》提醒我們儘量不要負債（箴言 22 章 7 節：「富戶管轄窮人；欠債的是債主的僕人。」）在證券投資上，如果沒有把握，千萬不要借債投資在股市或債市。本書觀點也符合《聖經》的這項原則，並提到幾個借債投資失敗的例子，值得讀者警惕。

就如《投資政策》一書，本書篇幅不多，但邏輯嚴謹，用語通俗易懂，值得讀者細讀思考，並作出獨立判斷。投資專家讀了固然受益，一般讀者也可自內容學習投資理財之道，乃一本不可多得的好書。

2010 年 5 月 10 日於西班牙拉克魯納市旅次

求不敗比求勝更重要

前匯豐銀行信託投資分處資深副總裁 **楊偉凱**

　　看完洪教授的著作後，我發現他是一位不一樣的財
經學者，有豐富的實務經驗，且真的了解投資與市場，
而且能跳脫金融機構及媒體專家給予投資人的制式建議，
提供讀者一個嶄新且實用的投資處方。

　　在金融市場風平浪靜時，你絕對無法感受它隱藏了
什麼風險，2008 年的金融海嘯，以前所未見的下跌速度
及幅度，讓許多家庭的財務狀況陷入一片黑暗，因此，
作者有感而發，直接點出投資大眾錯誤的行為，以及外
在投資環境存在的問題。

　　共同基金一直是我極為推崇的投資工具，但好的
投資工具不一定能保證幫投資人賺錢，重點還是如何利
用這項投資工具。作者在書中也指出，可靠的財富不是
「基金」，而是「低價基金」，重點是要買在低檔價位；基
金跌最兇的時期常是在景氣最好，眾人最樂觀的時候。
多數人都曾投資基金，但最後並非都能從基金中賺錢，
原因就在於大家總是在市場最熱絡的時候，投資當時最
熱門的基金，例如 2000 年的網路科技基金，2006 年的

不動產證券化基金，2007 年的金磚、金鑽及原物料基金。在價格最高時，買進最熱門的基金，通常下跌的幅度都超過 50％，未來光是要回本就得漲一倍，想等到賺錢更是難上加難。

因此，本書一再強調，投資要有耐心，耐心等待「籌碼乾淨」的「能量低檔」出現時才出手。投資基金若能儘量選在低檔才布局，就可以累積較多的低價單位數，中長期投資下來，賺錢的機率就很高。

金融機構總是會以複利公式來鼓勵大眾投資，每年獲取 10 ～ 15％的投資報酬，二、三十年就可以成為千萬、億萬富翁，但是，大家都忽略了投資市場並無法每年提供穩定的報酬，因此，複利公式只成為一種理論。作者提到，複利公式要能成真，重點在於保本，也就是要儘量避免投資後立即大量虧損，否則複利公式就無法從理論變實務。這也呼應股神巴菲特的兩大投資原則，第一原則就是不要賠本；第二原則就是永遠不要忘記第一原則。

很多人總以為「理財就等於投資」，事實上，如果過度關心投資，有時反而不利於投資結果。本書除了教

導讀者如何投資，也告訴讀者如何做好更廣泛的理財工作，包括上班族的致富密碼 M-I-S-H（Market, Investment, Safe & Health），以及如何管理資產、負債、收入及費用，以期讓錢為自己工作，做金錢的主人，過一個健康、安心又有尊嚴的生活。

在這個社會上，講實話的人不一定會受到歡迎，多數人還是喜歡別人「畫大餅」或「編織美麗的夢」，但是，在投資這件事情上，如果無法認清投資市場的真面目，跟著金融從業人員、名嘴或媒體的建議走，最後多半是追高殺低，十之八九會傷痕累累。誠如作者所言：「成功者追求踏實，失敗者沉迷幻想」、「你不管風險，風險就管你」。切記，**在投資前，一定要先問風險，再問報酬**。

這些年來，我透過出書、演講、部落格等管道，試圖導正投資大眾的投資觀念及方法，但一個人的力量是非常有限的，很高興看到洪教授也加入這個行列，相信本書一定能帶領讀者進入一個投資的新境界。

獻給決心要擁有富裕與自由的您

　　2007 ～ 2008 年間發生的金融危機深刻地衝擊了人們的財富與生活。就在追逐大選和北京奧運的夢想與激情中，人們猛然遭受所謂的「金融珍珠港事變」，經歷了恐慌性拋售、資產崩盤、退休金流失，同時也發生許多令人嘆息的悲劇。顯然金融危機並沒有因為科技及金融商品的進步而從人類歷史中消失，資訊和金融商品再怎麼發達，也免不了股市崩盤的傷害；而愈多的資訊帶給我們的反而是愈多的迷惑與危險。

　　醞釀寫這樣一本書的念頭已經很久了，因為坊間一直缺少討論如何健全及安全理財的書籍，而正如一位朋友所說的：「投資，還沒被市場打敗，就已先被那些雜亂、迷惑、似是而非的資訊和書籍打昏了！」;「十賭九窮」，生涯理財變成幻想式豪賭，實非上策，卻鮮少有人告訴我們「金融市場的本質」到底是什麼，以及該如何「安心汲取金融市場的動能安身立命，同時避開它的意外殺傷力」。

　　此外，「窮忙」時代來臨，有人「超時工作」，有人

「無工可作」，在這情況下應如何理財？還有，如何全方位理財？包括投資、存款、保險，及其他各種金融資產該如何配置，該如何處理負債，該如何預防投資意外？如何處理投資意外虧損，如何提高收入，健全的財務結構應如何，如何提早退休，子女教育金及退休金應如何安心保護及籌措……等等。

「你不理財，財不理你」，懂得理財可以幫助我們更容易達到人生目標。

然而，「你不管風險，風險就管你」，尤其是處在這危機時代，我們不能不認識並處理好各種理財風險。教投資、實務投資，與研究投資多年，我看過也聽過太多的財務悲劇，那些不幸的人其實和你我一樣，辛勤工作，安分守己，只是被社會上的迷惑資訊誤導，致使人生掉入黑暗的深淵。

這促使我立志將「安全理財」的觀念與方法用淺顯的文字公諸於世。我的想法很簡單，如果這本書能至少救一個家庭倖免於金融災難，或者能真正幫助人們成功投資，實現人生理想，我也就不枉此生了。我很認真寫，也寫得很慢，字斟句酌，力求準確，也希望儘可能顧及

上述那些重要的主題。

　　由於一開始就決心不道聽塗說、不人云亦云，我碰到疑問時就停下來思考研究，仔細地將實務經驗、數據（如附於後的「台股 40 年走勢圖」，詳細指數則見書末）與理論重新比對檢視，直到確認是經得起考驗，可以「老少咸宜」為止。寫這本書時感覺上像是一位教畫的老師，教人如何「恰到好處」地運用顏料、筆和紙，以彩繪出豐富自由的人生，花了一年多的時間，總算完成了。

　　我發現，成功的投資其實不需要先知先覺的超能力，不必懂很多經濟和財務術語，也和絕大部分的財經新聞無關，基本上，只有「正確穩當的想法和做法」才能成事，這是古今中外的實例早已一再證實的。一般人沒有學習過正確穩當的投資方法，就拿著僅有的存款盲目投資，豈不像沒受過訓練的士兵徒手上戰場去作戰，悲慘結果可想而知。

　　正如本書一再強調的，投資者真正的敵人並非價格下跌或崩盤，而是誤導的資訊、迷惑的市況錯覺與危險的想法和做法。就像尼羅河氾濫培育出燦爛的古埃及文

明一樣，股市最美的行情也來自於空頭期的冷靜。特別是當自己面對一片迷霧幻境時，是自以為知，還是收心自重，乃為成敗的關鍵。事實上，正如美國前聯準會主席葛林斯潘所言，只要金融自由仍存在，各種危機所造成的金融市場衰退或崩盤是無可避免的。**與其去豪賭讓人生為了金錢而大起大落，不如扎實地建設好心理工程、知識工程和財務工程**，建立起正確的風險控管態度和觀念，才能有效化危機為轉機，遠離金融風暴的傷害。

金融世界充斥著矛盾的語言：他們拿著廣告單跟你說這檔基金過去的豐功偉業，卻又提到過去績效不代表未來績效；跟你說某檔基金報酬很高，卻又說它風險也很高。似乎只有媒體裡的那些專家能給你較明確的答案，但，那又是另一個陷阱。

人們花很多錢買金融商品，也花很多時間讀了許多財經資訊，以為從此可一勞永逸，殊不知它背後隱藏了極大的危險；投資與賭博常只是一線之隔，一旦金融危機意外引爆，和山崩土石流撞個正著，就只能任它宰割，求償無門，自吞苦果。

金融市場有一位主角名叫「意外」。不妥善面對與控

管它，縱使僥倖得到什麼，也終將失去。就好像不斷在追求尾數加０，卻不能顧好最前面的１，最後依然是０。投資理財的相關資訊是那麼令人迷惑，無怪乎小賺大賠，失敗收場的人不知凡幾。「有容乃大，無欲則剛」，唯有在心態上謙卑冷靜，追求智慧和真理，才能不落入陷阱。

　　理財類書報雜誌雖汗牛充棟，但其作者背景仍以金融業及新聞業人士居多，所提出的理財方法或許適用於他們自己，卻不見得適用於社會大眾。對一般人而言，即使是因為不景氣造成，也很難承受今年總資產意外跌一半，然後不知道多久以後才能漲回原點，因此，在一開始的關鍵時刻，就應該當機立斷，鎖住下檔風險。

　　為了要能持續複利累積，並保住身心健康及未來機會，本書鄭重建議應「堅持保本」（這也是巴菲特的投資金律）。當然，這不是說一看到下跌就殺出，而是透過逢低布局、安全邊際、分散配置、放空保護……等技巧來兼顧保本和機會。更重要的是不要犯了「靠預測下賭注」的大忌。一般民眾若投資失敗可沒有政府或企業會來紓困，往往因此犧牲了自己和家人的健康及生涯發展，造成終身遺憾。

這的確是一本很不一樣的書，它最大的不同點在於：

1. 並不假設讀者有很多錢及很多時間可以做金融實驗（或給金融市場玩？），或者能神準地做對預測。

2. 而是精確地聚焦於核心問題：「如何在充滿誘惑與意外的金融市場上保住本金，並且持續以複利模式累積財富，達到所得替代與資產替代的目標，以實現人生理想」。

3. 本書關心的問題不再是「市場過去是如何，未來走勢會如何」，而是問：「如果市場變成如何，我該怎麼辦？」畢竟無論未來發生什麼事，人終究得誠實面對自己的財務和人生。

4. 過去並不代表未來，風險和報酬都可能在未來變質逆轉，所以我並不以過去走勢來推論未來走勢，而是更貼近「市場制度」和「生涯資金需求」的本質。

5. 本書提出的風險控管方法不是一般所謂的「低風險低報酬」或「高風險高報酬」，相反地，是「低風險高報酬」的完整配套方案，積極型和保守型的投資人都適用。

　　6.「成功者追求踏實，失敗者沉迷幻想」，在這危機時代，風險管理（或意外管理）本身就是一項值得的投資。風險控管需要冷靜與平穩，但一般討論理財的書籍雜誌卻總是充滿引誘與激情，本書不強調一夕暴富，也不鼓勵貪圖僥倖，而是呈現如何踏實穩當理財，安心健康生活，靠著金融市場本質上的動能，一樣也能擁有豐盛的財富和生命。

　　本書第一章從各個角度切入金融市場制度及本質，並解析市場價格的特性。共同基金雖是由專業經理人操盤，但也如同沒有路線圖的公車，無法自金融衰退中免疫。我們會討論金融市場在什麼情況下才能幫你賺錢，用共同基金存退休金的迷思，以及應如何避開可能會有的危險，如何用「累積低價單位數」的方法來得其利而不受其害。

　　第二章是針對濫用預測的弊端提出剖析，告訴你為何「依賴有道理的專業預測做投資」正是風險的最大禍源之一。「預測」不如「預備」，「樂觀」不如「正確」。

　　第三章會詳細解說如何利用鑽木取火投資術，做到安心讓財富自動倍增；以及三大原則、五種技巧與八大

資產類型，讓你有效避開意外的金融危機，且能因禍得福，逢低再布局。並提供詳細的財富倍增實例及解析，強調投資方法必須依個人情況做調整。

第四章論述現代人理財的危機與轉機，在高通膨、高工時，卻相對低薪資的時代，現代人有哪些理財危機，又該如何脫身呢？這裡提出了 M（市場）-I（投資）-S（安全）-H（健康）四大重點。

第五章以會計方程式呈現健全的個人財務結構，並用五個案例討論正確的理財模式和理想的退休金管理模式。真正的信心絕非建立在幻想和迷信上，而是講求實力第一；低負債，穩資產，高淨收入，加上保險收入，讓你安心退休，健康生活，做「金錢」的主人。

第六章幫讀者自我檢查財務健康程度，可分成財務層面、知識與心態層面和身心層面；最後列出常見的危險態度和觀念，讓讀者自行評估本身是否就屬於理財失敗高危險群。

第七章為投資理財常見問題 Q&A，另附上投資原理精要，希望對讀者有更多的幫助。

金融海嘯讓人們體會到理財不是想像中那麼簡單。

滿懷夢想並投入血汗積蓄，卻換來不只是空虛，也是實質的痛苦不安時，人們不斷追問：「為什麼會這樣？我該怎麼辦？純正可靠的理財方法是什麼？有沒有一種能安心理財，又不怕意外崩盤的方法？」這些問題的答案都寫在本書裡面了。

在此我要特別感謝證券暨期貨市場發展基金會丁克華董事長、前中央銀行理事溫英幹教授、前國立東華大學管理學院院長鄭治明教授、前匯豐銀行信託投資分處楊偉凱副總裁、Smart 智富月刊朱紀中總編輯、非凡電視台新聞部胡睿涵副理等諸位社會菁英對這本書的讚賞與鼎力推薦。

我也要感謝上帝讓我有機會作世上的光。

不論您是社會新鮮人、年輕或中壯上班族、軍公教、家庭主婦、退休族、金融界人士、企業老闆或其他相關人士，也不論您目前有財可理，抑或無財可理，如果您願意靜下來了解金融市場的全貌真相，這本書值得您細讀並珍藏。它記錄了一個真誠的人的追尋與分享，但願您也能從裡面找到尋覓良久的磐石與解答。

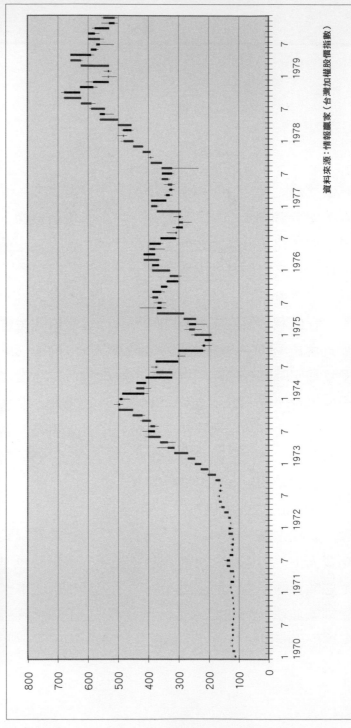

台股40年走勢圖（一） 1970年1月～1979年12月

資料來源：情報贏家（台灣加權股價指數）

台股40年走勢圖（二）　1980年1月～1989年12月

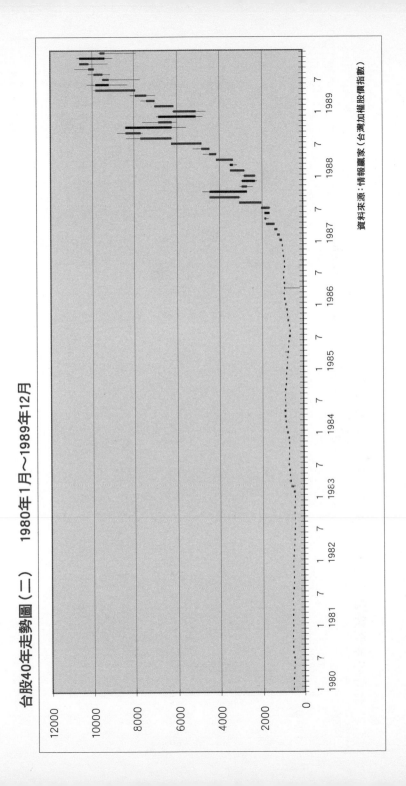

資料來源：情報贏家（台灣加權股價指數）

穩中求富的安心理財法

台股40年走勢圖（三）　1990年1月～1999年12月

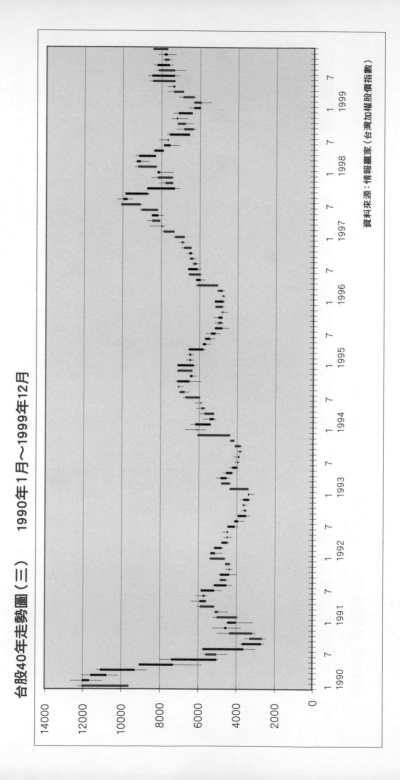

資料來源：情報贏家（台灣加權股價指數）

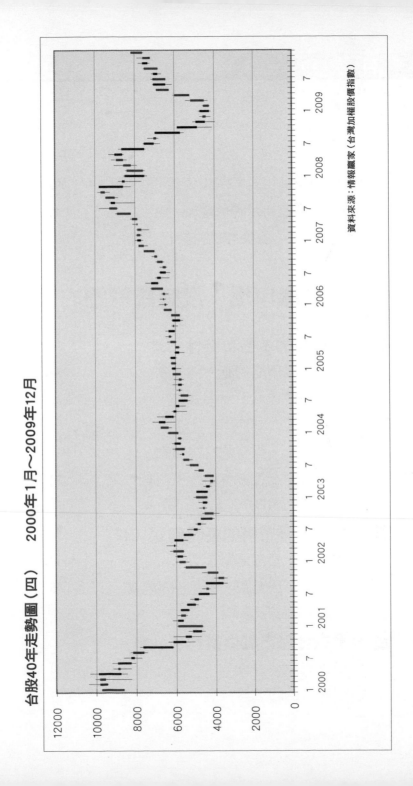

台股40年走勢圖（四）　2000年1月～2009年12月

資料來源：情報贏家（台灣加權股價指數）

穩
中
求
富
的
安
心
理
財
法

第一章　**金融市場：沒有路線圖的公車**

第二章 「大膽預測」不如「用心預備」

第三章 **財富自動倍增的安心投資法**

第六章　**財務健康自我檢查表**

第七章 投資理財 Q&A

金融市場：沒有路線圖的公車

- 金融市場的本質和特性
- 價格：一種暫時的集體幻覺
- 怎麼在金融市場中獲利？
- 用共同基金「存」退休金的迷思

「市場先生是你的僕人，而不是你的嚮導。」

～華倫・巴菲特

這一天，小明看到一輛公車向他駛來，車上沒有司機，只有滿滿的乘客。

　　「請問，這輛車有到市政府嗎？」小明問。

　　「有有有！這輛車跑得很快，還是自動導航的！」有人回答。

　　於是小明上了車，剛開始是直走，沒多久就轉彎。他看到不斷有人上下車，但公車卻似乎離市政府愈來愈遠了。

　　後來，小明才知道，原來這台公車是以上下車的人作為動力來源，有人上車就往左走，有人下車就往右走⋯⋯

　　原來，這根本就是一輛沒有路線圖的公車。

金融市場的本質和特性

市場最弔詭的地方，就是相關資訊再多、再
詳細，充其量只和「舊價格」有關，卻和你
在意的「新價格」關係不大。

　　在一個演講的場合，為了說明金融市場[註]的特性，
我問聽眾朋友：「買股票和買產品有何不同？」

　　有人說：「買股票的成本可能起伏很大，產品價格
則較平穩。」

　　「那麼，」我又追問，「賣股票和賣產品又有何不同
呢？」

　　「賣股票可能會被迫賣在虧損價，賣產品較有可靠
的利潤。」有人回答。

　　對了，我們不是為了「吃股票」而買股票，通常是
希望在增值後賣掉或乾脆領股利，因此買進股票的價位

註：為便於討論，本書將金融市場範圍限定於價格自由波動的金融公開交
　　易市場，如股票、債券、期貨、外匯等，但不包括銀行或郵局存款。
　　本書討論的共同基金也將保本型及貨幣型基金排除。

就決定了往後的命運。股票市場的波動往往又快又大，股票買貴了，是失敗的第一步，接下來就是貶值、虧損與懊悔，但願從來沒買過；這就是金融市場的「成本時機性」。

其次，在金融市場，時間不一定能創造價值，這又可稱為「崩毀性」。可能會有一段時期價格嚴重高估，形成「空前絕後」的現象，例如美元曾在 1961 年達到 1 美元兌換 40 元台幣，而今安在？而台股也曾在 1990 年攀升至一萬兩千多點，但同年卻戲劇性暴跌剩兩千五百多點，之後 20 年來都無法再回到 12,000 點。這樣的例子在各金融市場比比皆是。顯然金融市場的標的並不適合不分時機，貿然買入。

但要避開這種災難並不容易，事後的「崩毀」，主要來自事前的「泡沫」，而「泡沫」又來自「到目前為止」的榮景與樂觀（例如 1990 年的日本和 1997 年的東南亞），正因為如此，只看過去並追逐現在短期獲利的投資者，往往成為撲火的那隻飛蛾，難逃買在高點，追高殺低，失敗的噩運。

金融市場的另一個特性是「不可知性（或稱黑洞性）」。真正決定命運的是未來的走勢，但這「未來」和你「現在」所看到、所聽到、所想到的一切很可能完全相反的。因為未來的走勢取決於未來的情勢，而非取決於現在。我們通常無法確知未來的情勢，甚至，連現在

的情勢都還搞不清楚。一個好例子是 2008 年 7 月油價飆高到每桶 147 美元，當時一堆投資分析師發表「研究報告」說上看 200 美元，結果呢？油價隨即崩盤，6 個月內跌到剩三十幾美元！

影響市場價格的五大構面

　　簡言之，形成金融市場價格漲跌有五大構面：金融、公部門、私部門、自然生態與交互作用。

(1) 金融
　　指的是貨幣政策寬緊程度、外匯市場波動、借貸市場及金融機構健康程度、房價走勢、現行價格高低估程度、投資人風險偏好、交易者結構等等。

(2) 公部門
　　包含本國及外國政府的財政支出、政治及軍事活動。

(3) 私部門
　　包含消費者信心狀況（含失業率及所得）、企業和國際貿易的成長。

(4) 自然生態
　　指糧食、石油及各種自然資源的充足程度和價格走勢。

(5) 交互作用

包括了各金融因素間、各金融市場間、各國政府間、各私部門間以及各構面間的交互作用。

這五大構面的個別和總合情況之未來發展決定了價格的漲跌。就你所看到的，決定價格的因素是如此複雜及不確定，除非它極端高估、極端低估、或是如1982～2000年間電腦革命帶來的經濟擴張，否則大部分的情況，以及這些情況對價格的影響都是好壞參半、難以明朗的。就算在某構面對價格有很強的支撐，只要在另一構面有更強的壓力出現，就會破壞這個支撐，形成意外逆轉的狀況。金融市場這種反映新情勢的性質也稱作「效率性」。

價格逆轉造就市場弔詭

或許你會說，現在網路發達，每天都有專業機構發表看法，即時資訊不是很充足嗎？這就是市場最弔詭的地方。**這些資訊再多、再詳細，充其量只和「舊價格」有關，卻和你在意的「新價格」關係不大。**當你看到某公司上個月營收又創新高，記者報導它的新產品說多好就有多好，分析師也訂出一個夢幻的「目標價」，股價K線更是「黃金交叉」，一再飆高……就鼓足勇氣跳下去買它的股票，以為價格還會漲，結果呢？因為股價太

高估而遭修正，接著出現疑慮及雜音，訂單縮手，大環
境轉差，公司營收也開始下滑，於是引發恐慌性崩盤，
等到發現買在高點時後悔已晚，這樣的故事屢見不鮮。

　　這點衍生出金融市場的「欺騙性」或「逆轉性」。
所謂「言之成理，未必成真」，「到目前為止」看到的
數據、圖形、題材、行情、新聞、展望、推理還是分

理財停看聽

認識 K 線

　　K 線起源自 18 世紀日本大阪的米商。若收盤
價比開盤價高則為紅 K 線；反之，則為黑 K 線。
如果以日為採樣單位稱為日 K 線，以週則為週 K
線，以月則為月 K 線。而上下影線的意義，以紅 K
線來說，上影線即為收盤價至最高價之間的價差，
下影線即為開盤價至最低價之間的價差，黑 K 線
則恰相反。

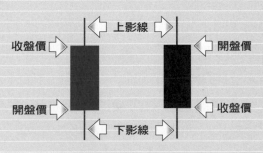

析，對「現在的決策和未來的結果」而言，都是不可靠的。在現在的時點，不管是政府官員、金融分析師、基金經理人、證券行老闆、研究員、學者還是記者講的話，也不管大多數的「共識」是什麼，他們現在公開發表的市場研究報告、看法和預測都有可能會變，等到未來情勢逆轉，你就會看到他們改口了。更何況，有些人公開發言是基於私利動機。「盯著後照鏡開車」，終必付出失敗的代價。什麼是趨勢？價格趨勢是會逆轉的！

🔭 沒有專家，只有輸家與贏家

故事情節是這樣上演的：群眾樂觀促使股價升高，股價太高，投資大戶就退場（要曉得他們金額大，若崩盤不易脫手也賠得多）；大戶退場，後繼無人，股市崩潰，失業率接著升高，經濟也變差，因而再進一步拉下股價，形成惡性循環。今天看到振振有詞的樂觀推理，明天可能就變成笑話。

如果有記者在市場未崩盤時請問你的看法，你敢冒「唱衰國家，擋人財路」的指控，公開說市場會崩盤嗎？因為涉及後續利益的糾葛，公開的言論本身就不太可信。甚至也可能有「明修棧道，暗渡陳倉」，虛偽喊漲，實則趁熱出脫的情況。公開提供建議的「專家」總是漲時才看漲，說古道今，蒐集了一大堆會漲的理由；

而跌時才看跌，再講一大堆會跌的道理。文章用圖表和數據寫得冠冕堂皇，無懈可擊，但無非都是事後諸葛，跟著這些建議走，正是追高殺低，十之八九要失敗收場。

當然，也有一些死多頭，怎麼看都是漲，在市場高估時看漲，低估時也看漲，雖然就他而言好歹猜對了一半，但他的信徒可就慘了，因為除非還有足夠的錢在低估期做多，否則這種愚勇可謂極其危險，可能會輸光家產。當然，這時也許就會明白「沒有專家，只有輸家與贏家」這句話的真諦。

🏰 市場自由，就沒有什麼不可能

共同基金買賣既然是以金融市場的標的為主，除非是契約言明保本，否則基金和金融市場一樣，是「沒有既定路線圖的公車」，你隨時可以上車，也隨時可以下車，但它的自由度也可能「遠遠超乎你的想像」，因為資金進出是自由的，國際情勢演變是自由的，市場隨之恐慌或狂熱情緒也是自由的，既然如此，就沒有什麼是不可能了。1929 年美股大崩盤前，道瓊股價指數漲了 10 年，這樣的繁榮也免不了之後大跌近 90% 的命運。

所以，買基金最好不要聽信媒體上那些「專家」的建議，也不要期待它會自動「累積價格」。但它畢竟是一個動能，投資者應該用膨脹價格換取並「累積低價單位數」的方式來捕捉最大動能。

理財停看聽

為何要小心財經新聞或媒體的誤導？

★ 媒體負責報「新」聞，而非「益」聞，新奇的東西不一定對人有益，還可能有大害。

★ 媒體一報導，資金蜂擁而至，價格已變高檔泡沫，反而失去了投資價值，「見光即死」。

★ 媒體常看表面，所以景氣轉衰時，只注意到外表的好消息；景氣轉好時，只注意到外表的壞消息。所以看新聞不如直接看指數K線走勢。

★ 散戶誤以為媒體和政策天天利多，股市也會一路長紅，但大戶正在趁熱一路出貨，所謂「媒體養肥，大戶吃肥」。

★ 媒體可能想利用宣傳來提振股市和經濟，立場不中立。

★ 受訪的人努力發表自己看法，媒體努力轉述他們的看法，但市場有自己的獨特看法，媒體卻永遠抓不準。

★ 媒體不必對投資人的虧損與痛苦負責，全靠這種廉價資訊做決策很危險。

★ 有心人士透過媒體做置入性行銷廣告或暫時拉抬，在不明就裡下，讀者易被誤導。

★ 媒體本身選擇性報導，如偏好訪問口才好的人、有頭銜的人、曝光率高的人、金融業……等。不利社會大眾的錯誤觀念因此以訛傳訛，積非成是。

★ 媒體態度偏樂觀（好像啦啦隊），公開報導不宜唱衰，景氣好他們的報社才賺錢，故意訪問名人來證明樂觀的觀點，看空者卻不受其青睞。

★ 對未來的描繪樂觀，不易引起反感。

★ 投資人受媒體「調教洗腦」後，加上買了股票或基金，態度更加偏多，任何變化都會偏多解釋，更容不下看空的觀點，不見棺材不流淚。

★ 股市高檔應該賣股休養生息，但這時好消息最多，來幫大戶出貨。

★ 壞消息讓股價壓縮，利空出盡，這時反而應該分批進場賺倍數。

價格：
一種暫時的集體幻覺

一群交易者的集體幻覺結合買賣結構就「草擬」了今日的收盤價，可以確定的是市場永遠還會有新「幻覺」，但會怎麼變就只有上帝知道了。

　　我們也可以從另一個角度來了解金融市場價格的本質。

　　常看到記者報導股價指數跌掉多少點，投資人幾兆元的資產蒸發。他的算法應是以上市公司股價總市值的減損來看。然而，這樣的看法其實是對價格的嚴重誤解。台股指數落在 10,000 點，其實是只有一部分的股票及金額在做交易的情況，試想如果所有股票都拿出來賣，台股指數還會是 10,000 點嗎？

　　所以，只有當你買在 10,000 點，且在小於 10,000 點時賣股票才會有資產蒸發的情形。如果你不聞不問，等它又漲回 10,000 點時才賣出，當做什麼事都沒發生過，就不會資產蒸發了。這個例子並不是鼓勵大家把股票放到不賠錢才賣出，相反地，是要提醒你市場價格的

虛假性。

　　很多人以為每日市場收盤價決定了上兆資產的價值，這一定是多麼神聖睿智的判斷所下的決定。諷刺的是，真正的情況剛好相反。以台股為例，每日成交張數只占可成交張數的一小部分，今天漲明天跌或今天跌明天漲的「反悔」現象是很常見的。

　　用一個例子來說明，你可以想像有一小撮人，今天受到新消息影響而產生樂觀或悲觀的情緒與看法，於是來買賣股票，他們就決定了今日的收盤價，而明天又會有「新的一批人」交易來決定價格。今天其他沒有交易的人如果不交易，則暫時不受影響（除非是融資追繳），也不會影響市場，但若要交易，就會和市場產生交互作用了。你不難發現，**價格漲跌代表一種臆測、幻覺、情緒與展望，新價格則取決於新情勢、新消息、新交易人、新觀點、新臆測等等**。

　　那價格逆轉（或稱市場反悔）是怎麼回事呢？

🔭 價格為什麼會逆轉？

◎價格發現者

　　我們可以把市場看做一個「價格發現者」，若今天市場從某個觀點看，發現這個價位是低估，或有增值空間，尚未注意到某些風險或貶值危險，價格就會漲。但也許就在明天，因為價格已變高或實現，市場又從另一

個觀點來檢視，這時某些貶值危險可能就被放大，因而導致價格下跌。若碰到資金淡季（如5月到9月）或是大戶們對政府控制能力及政策效果有嚴重質疑或不確定，一週崩落10％也不足為奇。

◎政策大餅

還有就是政府畫了政策大餅，引起低接買盤，但等到人們發現這只是畫餅充飢，現實上還是繼續惡化，價格就會再度下跌。所以一開始可能只是觀點改變，接著是態度改變，集體的態度改變就演變成崩盤慘案，這時政府再如何放送利多也難力挽狂瀾了。

◎交易者結構

接著，我們從交易者結構來看。市場上永遠有兩種人，樂觀派與悲觀派（所以才會有交易！）。如果最後那批樂觀的人都跳上車，悲觀的人暫不賣出，你會看到價格陡高，但價格一高，隔日就引來悲觀的那批人的求現賣壓，這時因為樂觀的那批人在昨日都已跳上車了，買方力道不足，價格就急速崩落。相反的，如果最後那批悲觀的人都跳下車了，價格偏低，隔日引來樂觀的那批人大力買進，而賣壓減輕，價格就急速揚升。

◎資金來源

價格逆轉期也和資金來源有關。我們發現，在價格逆轉趨下的期間，通常融資的金額也達顛峰，因為悲觀的人暫不賣出，價格上升快，促使樂觀者借錢買股，於

是買方金額倍數放大，價格就上升得更快，甚至引起連
鎖反應。然而，融資者借錢投資是冒著破產的危險，稍
不慎自有資金就燒光了，他們多半抱著短線進出、快速
周轉的心態，市場若充斥著這樣的交易者，或許暫時使
價格上揚，但這種價格卻是極其不穩定而危險的，一有
利空造成不確定或疑慮（如油價陡升），市場價格立即
崩盤，血流成河。

◎交易頻率

交易頻率也會促使價格逆轉。在價格高檔區，成交
量常創新高，這意謂人們活動量大增，且熱衷於短線買
賣，但重點是「不可能永遠都這麼熱絡」，一旦市場氣
氛轉為保守，「現金為王」、「入袋為安」之聲四起，買
方縮手，大量的賣方卻急脫手，你可以想見價格崩盤的
慘況。

價格「有漲有跌」才是正常現象

在競爭市場經濟學裡，市場價格扮演一個自我矛盾
的角色。當價格上漲，超額利潤引發超額供給，價格就
會下跌，所以「有漲有跌」才是正常現象。一般人想像
的「價格一路發」反而是不正常的。**價格只是一種「現
象」，而不是「財富」**（除非換成現金），不要誤把馮京當
馬涼了。

必須再次提醒你市場價格的虛假性。10,000 個人

045

做交易是收盤價，只有 100 個人做交易也是收盤價。大金額交易是收盤價，小金額交易也是收盤價。自有資金做交易是收盤價，用融資做交易也算收盤價。周轉一次是收盤價，周轉好幾次也是收盤價。明智的人做交易是收盤價，愚昧的人做交易也是收盤價。樂觀的人做交易是收盤價，悲觀的人做交易也是收盤價。異常高估是收盤價，異常低估也是收盤價。

價格本是虛空，它只是「媒體」而非「實體」，而實體呢？也不過是心理臆測與偏好。價格就像一面鏡子（或是螢幕），今天樂觀的人（多方）得勢，價格就漲，明天悲觀的人（空方）當道，價格就跌。樂觀的人得勢的時候，譬如說價格夠低、修正夠久、情勢比預期好等等，少許買方資金和一點利多就足以使股價大漲，而失勢的時候，縱然有萬倍的買方資金、天大的利多，股價還是會崩跌。至於樂觀黨或悲觀黨是否能持續成功掌權，不是取決於他們自己，而是取決於新的環境情勢。

市場價格反映眾人心理狀態，在擔憂或恐懼將來的噩運時，因為沒人接手，價格跌得最重，等到噩運「真的來了」，形勢底定，解決方案也出爐，價格反而會隨人的樂觀而揚升。同理，當人們憧憬將來的美好時，價格漲得最猛，等到美夢成真了，其他各種現實問題也一一浮現，價格反而崩潰了。

空手看它漲，是怕買不到或是怕變得更貴；持有後

看它跌，卻又怕賣不掉或怕虧得更多，這種對未來「患得患失」的焦慮感，加重了金融市場的波動。

有句名言：「市場怕不確定」，意即市場價格最怕的是「不確定的形勢」，而非確定的壞形勢。不確定加上跌價恐懼，市場就用崩盤式的「恐慌性賣壓」來呈現。

當然，若價格持續上漲，又有利多煽風點火，怕買貴或怕買不到的心理也可能造成「恐慌性買壓」。這稱做金融市場的「恐慌性」。看到末期的恐慌現象，往往代表一段行情的結束，即利多或利空出盡，接著價格就要逆轉了。

基金、股票、期貨、外匯……等理財工具都繫於市場價格，但價格本質上是一種人類對模糊未來的「幻覺」，一群交易者的集體幻覺結合買賣結構就「草擬」了今日的收盤價，可是，人類尚未滅亡，可以確定的是市場永遠還會有新「幻覺」，但會怎麼變就只有上帝知道了。

理財停看聽

金融市場性質及對策

金融市場性質	敘述	對策
成本時機性	股票買貴，是失敗的第一步，接下來就是貶值、虧損與懊悔。	只買具巨大潛能的低檔整理標的。
崩毀性	在金融市場，時間不一定創造價值，可能會有一段時期價格嚴重高估，形成「空前絕後」的現象。	不要買泡沫標的，泡沫標的只適合被放空。
不可知性（或稱黑洞性）	真正決定命運的是未來的走勢，但這「未來」的走勢和你「現在」所看到、所聽到、所想到的一切很可能是完全相反的。	保持靈活，分散各類型標的，動態保本，逢低布局。

金融市場性質	敘述	對策
欺騙性 （或稱意外逆轉性）	「言之成理，未必成真」，「到目前為止」看到的數據、圖形、題材、行情、新聞、展望、推理還是分析，對現在的決策而言，都是不可靠的。	彈性預估，但不執著於任何預測，永遠先做好防備和退路。
價格虛假性	到目前為止的價格走勢及樂觀預測可能被推翻。	留些資金給過去，也要留些資金給未來。
恐慌性	不確定加上跌價恐懼，市場就用崩盤式的「恐慌性賣壓」來呈現。當然，若價格持續上漲，又有利多煽風點火，怕買貴或怕買不到的心理也可能造成「恐慌性買壓」。	恐慌性是黎明前的黑暗，等它過去，正是撿便宜的良機。

怎麼在金融市場中獲利？

改善自己的投資經驗，選擇適合自己的工具，辨識出「會漲而未漲」者，知道股票增值的理由。

既然金融市場的變化是莫測高深的，那它要在什麼條件下才能夠幫我們賺到錢呢？這是必須先搞清楚的問題，千萬不要以為市場是財神爺，有求就有保庇，這樣的心態往往會讓自己變成散財童子。

自己的投資經驗

有句話說：「**市場是經營者的工廠，卻是消費者的墳場。**」其實就一個懂得金融市場本質、懂得金融市場操作的人來說，不管是多頭還是空頭，他都能夠賺到錢，而且可全身而退。所以，操作者本身的經驗非常重要，能夠讓他在整座森林瀰漫大霧時不會迷路，也可以讓他在各種可行的機會中獲利。

操作者的經驗，並不需要高學歷或者懂得很多理

論，他們只要融會貫通一些重要的技巧，就可以在大風大浪的金融市場裡面謀生，所以實戰經驗是很重要的。不能夠只空談理論，因為金融市場可以讓一個人從貧窮變成富有，也可以讓一個人從富有變成貧窮，個人的警覺心還有實戰技巧，就像作戰訓練一樣是非常關鍵的。

適合自己的工具

接下來就是找合適的工具。並不是所有的工具都適合每一個人。有人上班時間非常長又不固定，甚至連一點空也沒有辦法抽出來看盤和下單，那麼除非委外操作，否則高波動性或者是一下子會虧損很多的投資工具顯然不適合他。**每個人要挑選適合自己生活型態的投資工具和方法，這樣才能夠彼此配合，容易賺到錢**，在第三章最後會有單獨一節專門講什麼樣類型的人適合哪種金融工具，請特別注意。

並不是說高獲利的工具就一定能夠讓每一個人都得利。假設某人現在跟朋友一樣持有高獲利的股票，可是朋友因為時間比較靈活，在股市下跌時及時逃出來，他卻被其他事情綁住了，來不及躲，結果是投資工具一模一樣，但所獲得的報酬卻是低很多，更何況如果是買在高點那虧損會更嚴重。所以慎選適合自己的投資工具，其重要性不言可喻。

♟ 辨識出「會漲而未漲」的基金或股票

我們可以發現，即使在同一個多頭行情當中也不是所有的股票都會漲，有些是漲時只漲一點點可是一跌卻跌得很重，有些是漲得很少的，有些是屬於後來才補漲的，另外就是那些主流的股票，能夠在一次的大多頭行情中漲個五、六倍甚至十倍以上。

到底這些會漲的基金或股票，它們具有什麼樣的特徵呢？如果我們能夠辨識出來，然後先買進具有這些特徵的冷門低檔標的，這樣就能夠在行情來的時候順利地賺到倍數的財富。

(1) 關鍵且稀少

如果我們要從某個地方到另外一個地方，除了通過一座橋外沒有別的路可以過去，那麼在這個橋上設一個收費站，就能夠收到很多通行費，因為它具有一個關鍵性；另外假設它同時具有稀少性的話，那增值性更強，因為會有眾多的資金來追逐這個稀少的標的，就如古人所云：「物以稀為貴。」

(2) 貨幣數量增加時

「有錢就愛作怪」，人一旦有錢就會想要投資賺更多的錢，就會開始去尋找標的，所以貨幣數量增加，通常也代表著一個行情的開始，那在什麼樣的情況下貨幣數量會增加呢？

我們可以看到，2009 年年初，因為政府降息使得很多存在銀行裡面的存款紛紛轉移出來買股票，這時候股票市場中貨幣數量就會增加。另外，當股市下跌到很低檔的時候，也代表著這些貨幣已經從股票市場轉移出來，因此流通在外的錢也會增多。所以為什麼在低檔的時候往往蘊藏一個能量，就是因為人們把股票換成了鈔票，這些鈔票就好像柴薪一樣，只要稍微一點火，就可能燃燒起來。

如果是一個低檔被低估的時間點，這時候也比較容易上漲，尤其在股市下殺太多、跌過了頭、受盡委屈時，所謂「跌深反彈」的效應就會出現，月 K 線形成「碗形」或「島形」向上反轉，**假使能夠在跌深之際衝鋒進場，往往就可賺到一波倍數反彈的行情**。

(3) 被低估忽視的標的

另外還有一種是被低估的標的，也就是被冷落、被忽視的一群。它們可能是目前財報及獲利很難看，利空不斷，但具有不錯的內在體質和潛力。這種股票通常在多頭行情的時候沒有漲很多甚至跌不少，令人很挫折，如 1990 年代的新興市場股票，在歐美都大漲的年代它並沒有顯眼的表現，直到後來人們發現它被低估了。正因為它之前被忽略，所以它的籌碼已變得相對安定，因為該出走的都已經走光了。直到有一天人們重新發現它，它就會快速地大漲特漲，可能一下子就漲了一倍。

這種低估的標的是我們要特別去注意的，往往買到就是賺到。

(4) 具有恐慌性

股票代表著所有權，我們買一家公司的股票其實也是買這家公司的所有權，及其所擁有的資產。如果這個公司的股票變成稀少性，人們預期將來有一天必須要用更高的價錢才買得到，這時候大家就會產生一種怕買不到的恐慌或者是怕更高價才買得到的恐慌，進而衍生出一波非常大、非常快速的增值。

(5) 關鍵的技術或是行銷通路

1990 年代電腦革命被稱為第三波革命，因為它帶來了自動化；電腦可以省下人工的成本，讓機器自動、快速且標準化的生產，所以誰握有電腦開發技術誰就能賺大錢。從 1990 年到 2000 年為止，由於這種電腦革命所產生的關鍵技術，帶動了一波高科技股的泡沫。這種關鍵技術其實也不只是限於科技或是物質上的技術，有時候它可能是隱藏的，譬如說一種品牌、一種通路，因為人們只認得這種品牌，那廠商、供應商也只能夠透過這樣的品牌通路來賣給消費者，所以它就變成一種關鍵，也因此能夠享受較高的毛利率以及較長期的獲利展望。未來，投資這種公司也是一個不錯的選擇，或者是說像一些網路行銷的通路也是可考慮的。

📖 股票增值的理由

(1) 穩定提供現金股利

為什麼股票會增值呢？可能是因為它能夠穩定地提供一些現金的收入。假設我們投資 50 萬，每年可以有現金股利 50 萬進帳，這當然是一個非常大的誘因，會吸引大家來買這家公司的股票，所以它的股價可能就會慢慢升高，最後必須要用 500 萬才能夠買到每年 50 萬的現金股利收入。

(2) 夢幻題材

如果這種現金股利會成長的話更具吸引力，相對地它的股價當然也會水漲船高，但有時候這個可能是人們的一廂情願。譬如說有一家公司在做減脂飲料，因為人們看到未來高脂肪引起的病症可能會越來越普遍，但是能夠做減脂飲料的公司卻相當的少，所以大家會訴諸一種想像，以為說這家公司會大規模的成長。像這種有夢幻題材的，即使它後來沒有真正產生爆炸性的現金收入，或者是過幾年有其他家公司成立來瓜分利潤，使得它的營收不如預期，可是只要現在它還具有想像空間，事實上就足以推動它的股價。我們常常看到很多這種夢幻概念的股價漲法。

(3) 外匯的影響

我們不要忘記現在是一個國際熱錢到處流竄的時代，只要貨幣有增值的空間，或一旦美元貶值就會促成

其他國家的貨幣升值，這樣就容易吸引外資流入，很快推升當地的股價。

(4) 購併的話題

比如說鴻海想要購併另外一家公司；因為鴻海的資金非常雄厚，如果它願意用比現在價格更高一點的價錢來完成購併，這就是股價可能增值的一種保證。

(5) 各方面的績優表現

假使這家公司各方面的表現，如土地、資產、獲利、成長性甚至未來夢幻的題材上面，都比人家優秀，那熱錢、資金就會源源流入。這家公司的籌碼相對安定，股價就會一直漲，如 2009 年有一些 LED 公司就有這樣一種現象。

(6) 風險偏好改變

股市的增值其實代表一種風險的偏好，如果現在市場上的人覺得股價太高了，而且他們偏向保守現金價值，這時就會產生股價崩盤，進而促使一些害怕的人更加速逃命，所以剛開始可能少數人風險偏好改變，到跌下來之後就讓更多人風險偏好改變，由本來是喜歡風險的變成厭惡風險、討厭風險。

相反的，如果股價來到低檔，可能就會有少數人覺得現在已經是低估了，再怎麼往下掉也不會跌超過一半，所以他的風險偏好就出來了；風險偏好出來就會開始漲，開始漲之後至少感覺上風險就不這麼高了，又會

再吸引更多人風險偏好改變，轉而來投資比較高風險的資產，所以這種風險偏好改變也是促使股價漲跌的一個因素。

理財停看聽

投資成功與失敗應該如何定義？

投資成功

★ 出手後，結果符合自己原先的預期與規劃。
★ 在任何時點，能保住投資本金或變現後虧損 10%以內。
★ 賠小賺大。
★ 擁有大量低檔單位數（已建立安全邊際）。
★ 擁有充足資金可逢低買進。
★ 可因意外波動而坐收漁翁之利。

投資失敗

★ 出手後，結果不符合原先預期。
★ 結果不符合預期又無防護措施（或雨天備案），致使投資總本金虧損 10%以上。
★ 擁有的只是高檔單位數。
★ 缺乏資金可再逢低買進。
★ 投資虧損後欠下大筆債務，陷入還債與投資兩難。
★ 因為投資虧損而危害自己和家人的健康、生活品質與生涯發展。

用共同基金「存」退休金的迷思

可靠的財富不是「基金」，而是「低價基金」，重點是買在低檔價位。

　　電視、雜誌、網路、報紙不斷地教人想要存退休金，就要定時定額買共同基金。民眾看到別人買基金賺了幾倍，甚至幾百萬，而一些基金的淨值也不斷創新高，似乎告訴大家買基金是穩賺不賠、輕鬆致富的，於是他們就開始築夢：「只要我也買，每年漲 10％以上，就可以在退休前擁有多少財富……」。

　　但是，買了基金以後呢？ 2007 ～ 2008 年間，基金淨值腰斬甚至只剩三分之一的所在多有，當初的美夢變成了噩夢，急需要錢時卻沒錢，對未來的憂慮，對過去的懊悔，不堪的痛苦殘局一下子要自己和家人承擔，又不知怎麼善後。

🏯 小心基金變成長期的痛苦與負擔！

這次的金融海嘯及經濟衰退使人們看到了基金的危險性。問題出在對基金的誤解與誤用：

(1) 資訊可靠嗎？

媒體或網路上的財經資訊，不管是文字或數字，常有許多似是而非，引誘人掉入陷阱的「有毒蘋果」。吸引人買基金的往往是「到目前為止」的好消息、好數據、好績效、好形勢、好題材、好展望，甚至是好廣告等等，但這些東西和未來價格走勢「不必然」是正相關的。「到目前為止」的好消息常會讓人忽視可能的嚴重後果，甚至產生幻覺以為「長期投資」，放久一點就會沒事了。

在暗處，一股反向勢力正悄悄滋長，且我們不曉得它會有多恐怖。然而，美好印象總是深印在投資人的腦海中，形成某種「錯誤期待」，像是看到夏天就以為永遠都是夏天，或天氣熱了，可露天而眠，不需要房子，也不需要外套，等到寒流突然來襲，才驚覺自己根本無法承受！

(2) 自己投資的經驗和能力足夠嗎？

市場會騙人，基金會吃錢，投入愈多資金未必賺很大，反而可能虧很大。除非有七年以上經歷市場多空的實戰經驗，親身體驗過金融泡沫的炸彈震憾，且已建立

穩定可靠的獲利模式，否則以小而固定的金額嘗試學習
較理想，才能控制住最壞的損失。

(3) 政府或存款保險會保護嗎？

政府或存款保險並不理賠基金損失。或許有一天，
你要用錢，想到原先買了 50 萬的基金，想要提領出來，
但銀行員跟你說，因為之前的不景氣，這 50 萬只剩 35
萬，你只能選擇讓這理論上的 50 萬冰封不動，或是認
賠 15 萬。勉強有的保障是，如果跌到低估區，它就會
上漲，但不保證回到原點；政府會出來拉抬一下，但不
保證持久。除此之外，只能自求多福。

(4) 基金公司和基金經理人會保護嗎？

除非契約言明保本，否則免談，也不擔保每年會
有正報酬，甚至可能會有很大的負報酬。基金有法令的
限制，不能隨意退場，基金經理人只要操作績效不比大
盤（即市場指數）差就不會被解雇，也就是說如果大盤
跌掉 70%，基金只要是－ 69.9%，都算是好的經理人，
可以頒獎給他了。而基金公司必要時會撤換基金經理人
以示負責，但絕不會負責你的損失和痛苦。

(5) 如果也買相同基金的其他投資人賣基金怎麼辦？

為應付贖回壓力，基金經理人只好賣股求現，有可
能加速虧損，最後若基金規模太小，可能會遭合併或清
算。

(6) 投資基金最多會虧損百分之幾？

可能超過 70％以上，端看你的實力、運氣、買入時點、基金公司、經理人、投資標的及景氣而定。

(7) 如果虧損，什麼時候才能漲回來？

可能 1 年，可能 50 年，也可能永遠不會，同樣取決於你的實力、運氣、買入時點、基金公司、經理人、投資標的及景氣。

(8) 得獎或明星基金就可放心了嗎？

其實不然，所謂得獎基金充其量只是一段時間報酬率比別家好，但不保證保本，甚至之前漲多，之後跌更重。至於低風險高報酬的明星基金（通常是債券型），也不能太放心，因為要考慮基金經理人更換，或整體環境改變的衝擊。倒過來想，如果它穩賺不賠，何不明定保本，再收高一點的管理費呢？可見連它自己都不相信自己。

(9) 如果急用錢但基金還在虧損怎麼辦？

投資之前，一定要先考慮這個問題，不要只是幻想「長期而言」總會漲得回來。所以投資基金以固定金額為佳，不可貪心亂加碼，要保留充足應急的存款。

(10) 未來會不會比現在更好？

基本上這是沒有人能回答的問題。你可以去「樂觀其成」，但無法決定人類共同的命運。如果石油用完了呢？如果又發現相當於石油的替代能源呢？就算拉得起

來，等拉到原來的高點可能也是「幾十年」後的事。重點是，你的生命是有限的，從現在開始買基金到「你需要用錢時」，誰也不能保證你那筆投資的錢還是好好的，基金公司開宗明義就已告訴你了。

(11) 漲得慢，跌得快，怎麼辦？

基金的危險性，除了資訊不可靠外，還有就是它「下跌的速度太快了」，稍有遲疑，一個月就可能跌掉20％。很多人看到戶頭有正報酬率很高興，就繼續放著，沒想到，在幾個月內，累積好幾年的報酬竟然就跌成負值，而且愈賠愈多。沒錯，或許現在是賺的，但未

理財停看聽

為何要小心基金績效數字的誤導？

★ 有的寫一年報酬、兩年報酬等等，其實絕非每年都會有這麼多，應是「近一年」報酬才對
★ 「到目前為止」正報酬，接下來可能會變負
★ 只看五年以內都是不準的，至少要看十年，而且要看其波動走勢及規律程度
★ 「到目前為止」報酬比別家高或低，不代表未來也是如此
★ 看到負報酬反而可能是買進訊號

來只要來不及逃跑，終究還是可能賠錢。

⑿ 這筆投資的資金能承受多大的風險？

如果不是能承受虧損的資金，一旦虧損就可能影響生活甚至生命。基金是一頭「美麗的怪獸」，會意外施捨給你，也會冷不防咬你一口。請注意，這裡的重點在於「意外」。也就是說，你期待施捨，它就偏咬你一口，而且期待愈大，它咬愈兇。請牢記，基金跌最兇的時期常是在景氣最好，眾人最樂觀的時候。建議你不要對它期望太高，扎實地把最壞的情況控管好，才是上策。「保命錢」還是請放在銀行生利息吧！這就像我們通常不期待或依賴彩虹，但偶爾抬頭遇見，不也是美事一件。

🏦 如何取基金之利而避其害？

那麼，基金應如何使用才能得其利，不受其害呢？

持平而論，基金作為一種金融工具，其實有其優點，例如：可小額買進，可買各國績優股票、商品、不動產及債券，對動能反應靈敏，不怕單一公司倒閉……等等。只是還需要學習操作的方法，才能有效避開它的危險，並且得到利益。

以股票型基金為例，因為它是「共同」持有股票，最低持股比例有法令限制，變更投資標的有其困難性，所以幾乎可視為一籃子投資標的。而當市場崩盤、環境不明朗，投資人狂逃出場，基金一定中鏢，跟著倒霉。

固然跌幅有大有小，但絕非像存款一樣只漲不跌。沒有人會到你的存款戶頭提款，可是天天都有人到你的基金戶頭提款！債券型基金波動性雖較可控制，但也需視匯率及基金經理人能力而定。

還有，投資基金的不確定性「絕不是看過去幾年的績效與波動數字」就可了解的。同一檔基金的績效與波動在未來都可能大不相同。

基本上，若不對其「價格增值」的能力太過度期待，基金畢竟反映了市場的「動能」，投資者若能善用這個動能，在長期不斷的膨脹與收縮之間買低賣高，累積「低價單位數」，最後即使價格只是回到原點，靠著多年累積的「低價單位數」，還是能得到可觀的財富增長。而若能趁股災後進場，在價值漲一倍就收回本金，以獲利在裡面打滾，就可對市場崩盤免疫了！

請牢記，可靠的財富不是「基金」，而是「低價基金」，重點是買在低檔價位。

表一和表二是兩種策略的比較。原有的資金都是10元，面對的基金漲跌也都相同，但操作結果卻是天差地遠，差了七倍。問題出在哪裏？若採表一的累積低檔單位數策略，在20元的高檔換成現金後，又在低檔換成2倍的能量單位數，以此循環不絕，可有效地捕捉最大的資金動能，即使基金淨值最後還是回到原點，它的最終資產價值卻是倍數成長的。

表一　賣高求低，累積低檔單位數策略			
年	持有單位數	基金淨值$	資產價值$
0	1	10	10
1	1	20	20
2	0	10	20
3	2	10	20
4	2	20	40
5	0	10	40
6	4	10	40
7	4	20	80
8	0	10	80

表二　「買了就不管」策略			
年	持有單位數	基金淨值$	資產價值$
0	1	10	10
1	1	20	20
2	1	10	10
3	1	10	10
4	1	20	20
5	1	10	10
6	1	10	10
7	1	20	20
8	1	10	10

基金到底適合什麼樣的人呢？

追求「正確」而非泡沫，不貪來路不明的漲勢，投資資金固定且適當，懂得保護本金，不依賴專家建議，不依賴歷史資料，不依賴未來走勢預測，洞悉市場運作模式，能在漲時回收現金，能累積低價單位數，能放也能收，會做放空保護，做好風險配置，能有充足資金適時逢低布局……本書會陸續就這些重點做深入討論。

理財停看聽

如何善用基金使財富倍數增長？

★ 不要急著獲利，不要草率買入。

★ 定期分批而非一次，以求貼平地面。

★ 保持永遠有充足的資金逢低買進。

★ 固定金額操作，以控制住最壞的損失。

★ 專注於動能佳、有規律、投資標的明確、主題正確的基金。

★ 別太依賴得獎基金，或走勢詭異的基金。

★ 高檔必賣出，低檔必買進，股災後的低檔大買。

★ 高檔賠小，低檔賺大。

★ 賺一倍先取出本金，再以獲利部分來回操作。

★ 大量累積低檔單位數。

★ 留意壓力線、壓力月和支撐線、支撐月。

如果你不是以上這幾種人，請詳讀本書的解析，否則或許買「政府或保險會理賠的那種」較適合你！

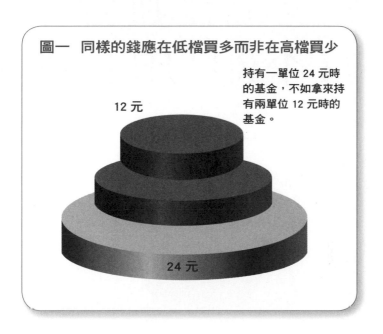

圖一　同樣的錢應在低檔買多而非在高檔買少

持有一單位 24 元時的基金，不如拿來持有兩單位 12 元時的基金。

12 元

24 元

第二章

「大膽預測」
不如「用心預備」

- ■ 盡信預測，不如無預測
- ■ 不要「樂觀」，只要「正確」
- ■ 只挑容易答對的題目作答
- ■ 低風險高報酬：富裕人生，始於保本

「預測股市的唯一價值在於讓算命先生（預測者）
　過得體面一點。」

～華倫・巴菲特

據報載，2008年9月初，台北一名中年男子因股市重挫而走上絕路。該男子原先經營工廠，小有所成，後將3,000萬元積蓄投資股市，不料全數賠光。以為新政府上任後股市會大漲，於是又借了三百多萬在520前投入股市，期待能藉此翻本，沒想到還是錯了，他悔恨自己不該玩股票，以致負債纍纍，灰心之餘，遂自我了斷。

盡信預測，不如無預測

> 這些血的教訓，大聲且清楚地告訴我們，
> 「盡信預測，不如無預測」，徒靠預測，卻
> 無防備，是大錯特錯，萬萬不可的。

　　台股在 2008 年經歷了戲劇性的轉折。從 1 月開始，金融股和營建股完全無視於美國金融海嘯和國際股市重挫，反而一漲再漲，憧憬著 7 月以後開放的兩岸觀光直航以及 8 月的北京奧運行情。媒體充斥著對股市樂觀的論調，很多股市名人、外資及本土分析師都預測總統大選後是千載難逢的長線低點，還用數據圖表鏗鏘有力地「分析」台股會「走自己的路」，2008 年是多頭年，說有幾項大利多會支撐台股上 14,000 到 20,000 點……等等。對新時代的夢想（幻想？），促使很多散戶將所有家當，包括房屋抵押貸款，投入台股及相關基金。

　　但「人算不如天算」，雖然專家和政府言者諄諄，市場卻是聽者藐藐。520 新政府上任後半年內大盤指數

暴跌逾半，也跌破一大堆專家眼鏡。樂觀的預測轉眼變成笑話，奉行這些預測的人被打入地獄。那些篤信政府護盤，兩岸契機和台股低本益比的人慘遭重創，血流成河。若是借錢投資還打死不退的，恐怕已把百年基業一夕燒光。

還以為所得到的預測是內線消息，是金科玉律，是預言天啟，可以讓我們刀槍不入，一夕暴富嗎？

這些血的教訓，大聲且清楚地告訴我們，「盡信預測，不如無預測」，徒靠預測，卻無防備，是大錯特錯，萬萬不可的。

較理想的做法，是在預估上保持彈性，在行動上要加以防護，轉衰的要明快結清，要預備充足的流動性可以在將來逢低買進。

古人有言：「瞎子摸象」，單靠預測來投資股市何止摸象，簡直是「瞎子摸恐龍」，有看過電影「侏儸紀公園」的人，大概就能體會。很多人看到一點利多及漲勢，受到慫恿，就抱著美夢跳入火海，殊不知「股市猛於虎」，市場對猜錯而不防備的人是無比殘忍的。上億的財產也可能在一夕之間全部化為灰燼！

相信「預測」會血本無歸

請千萬提防別人或是自己所做的預測。

為什麼我們說，「預測」會殺人，因為，你現在預

理財停看聽

專家為何會預測錯誤？

★ 態度偏頗，可能怕得罪人，或損及自己利益。

★ 人在江湖，身不由己。

★「明修棧道，暗渡陳倉」的兩手策略，以免大崩盤，自己無法脫身。

★ 公開發言，大家都喊漲，若獨自喊跌，需要勇氣；而若跟著喊漲，就算錯了，也可歸咎於意外因素。

★ 只是為了打廣告、出名，或炒熱市場。

★ 故意講得模稜兩可，讓看多的人誤以為他支持看多。

★ 對其言論不必負責任，只要言之成理即可，但「言之成理，未必成真」。

★ 執著於某一假設和觀點，但之前僥倖猜對，這次卻不然。

★ 拘泥於個人經驗和資訊。

★ 消息好壞參半，常有主觀篩選。

★ 市場本身的假設、觀點和偏好發生逆轉。

★ 市況複雜，小漲大跌或大漲小跌不易算準。

★ 忽略未知因素及不同影響程度的干擾。

★ 個人意見不代表該金融機構意見，但他卻打著該金融機構名號。

★ 引用不適用的歷史案例。

測的是一個恐怖的「不可知數」，無數的期待都可能化為無數的利刃與傷害。矇著眼，只憑想像就亂跑，撞得鼻青臉腫是免不了的。抱著預測投資，就像抱著炸彈；愈有道理的預測，殺傷力愈強。

重點是，能不能承擔最後的結果，以及這種思考模式是否有幫助。

300 萬有多大，對某些人而言只是一個月的收入，甚至如基金經理人「千金散盡還復來」；但對很多人而言，失去 300 萬的資金，家庭與人生從此走下坡，甚至失去性命（如果遇到惡性負債或急病）。你算一算，失敗的結果無法承受，那麼即使有再多美麗的理由，也不應該走這條路。

更何況，仰賴預測做投資的思考模式對你想要的成功幫助不大。

如果樂觀的預測已使股票大漲，股價落入泡沫高估區，樂觀者那批資金所剩無多，悲觀者伺機賣出，而油價可能也已飆高，若再加上一些利空消息，接下來股價就會開始走跌了。有了這層陰影疑慮，這樂觀的預測還值得採信嗎？

案例中的中年男子敢玩 3,000 萬，應該是有憑預測賺過錢，嚐到甜頭後才愈玩愈大，但他始終寧可相信預測也不相信風險控管，實令人痛心！

另外，因為他之前嚴重虧損，想要快速回本的心態

使他誤信過度樂觀的假設及預測，掉入「海市蜃樓」的股市陷阱，大家應該引以為鑑。

或許你以為這裡說的預測只是指短期，如預測大選年的走勢之類，其實，長期的預測一樣危險！常看到財經雜誌，引用過去 20 年的數據「證明」定期定額傻傻買基金有多輕鬆多好賺，因而鼓勵大家一起來這樣做……

請問未來 20 年一定會跟過去 20 年一樣嗎？如果大部分買到的價位都已太泡沫、太高估，把未來的美好都已反映完畢了呢？還有，就算 20 年後真的會漲，但沒料到急用錢時卻抽中「特大號」股災，怎麼辦？這種迷信，等到你急著要用錢時，赫然發現辛苦存的基金因為某次大股災還在虧損中，你就會醒了。

🏛 早做預備，保護自己

專家們採取樂觀的假設和觀點所做出來的分析預測或許有其數據和道理，但「言之成理，未必成真」，引經據典，談古道今，數字加圖表，文章寫得漂漂亮亮，可惜「只是假設值」，終究還是可能被推翻。市場價格是每天的「集體幻覺」分批共同創作的結果，絕不會因為你個人，或是「某人某時某些」樂觀的假設和看法，就決定一切。

尊重市場的自由，就是保護自己的最佳方式。

所以，應該對市場說：「去吧，你是自由的，我不限定你！愛怎麼變化是你的事，你是難以被馴服的野馬，專家不知道你的方向，政府也管不了你。」

不要班門弄斧地去猜測，或去限定說：「因為怎樣怎樣，所以你只能跌多少或漲多少！」。

相反地，應該要「山不轉路轉，路不轉人轉」，擺開預備陣式，「不管它愛怎麼玩」，我們都能有辦法應付自如。就像打太極拳，自己先站得穩，以靜制動，待敵人露出弱點，我們才攻擊。若軋空續漲，就預備做「中短線」的規劃，若軋多續跌，則預備做「中長線」的規劃。我們總是有資金應付它。

不要再拿自己的生命及財產做實驗了！人的青春有限，做好防護措施，踏實預備比較重要。

沒有三兩三，不可上梁山。沒有預備好，寧可不碰任何投資。

「挪亞不是等洪水來了才開始造方舟的！」巴菲特說。

所以，如果你不想失敗，奉勸你格外當心這些會讓你失去警覺，高度危險的預測性字眼：「上看」、「可望」、「有機會」、「不妨」、「宜」、「恐」、「法人」、「政府」、「過去經驗」、「××行情」、「××題材」……

另外，政府護盤到底有沒有效呢？首先，剛開始常

穩中求富的安心理財法

是無效。護盤或許會有作用，但不是你想像的那樣立竿見影、藥到病除，而且總是在看到災難相當嚴重了，政府才會出重手，這對你不一定有幫助。**有道是「政府護盤，鞭長莫及；自己保本，生生不息」。**

理財停看聽

政府救市為何失靈？

★ 政府常「只能做不能說」，表面上說希望擴張，私底下卻做（或放任）緊縮的動作。

★ 政府累積負債已非常沉重，削弱應變能力。

★ 政府施政還要看政黨的角力與協商，就像一輛雙頭馬車。

★ 政府怕通貨緊縮（失業），又怕通貨膨脹，綁手綁腳。

★ 政府剛開始救市都較為保守客氣，但股市卻是一開始崩得最兇，然後草木皆兵，一下子累積的逃命賣壓傾洩而下。

★ 政黨有其傳統信念，如美國共和黨相信經濟應自己恢復，民主黨則相信政府應大力干預，但過猶不及，太堅持信念都會造成股市恐慌性崩盤。

★ 政府施政有其慣性和落後性，等到發現問題，再擬好各方同意的辦法，股市早已崩盤。

古今中外都一樣，政府開設股票市場的目的，絕不是拿來護盤。政府護盤永遠都只是暫時的，畢竟私部門歸私部門，政府不可能無限制地永遠採取寬鬆財政及貨幣政策。只是，有一點觀念須在此釐清：多頭時期那些上市上櫃公司靠市場上的股票增值和現金增資（發行新股）賺了大錢，空頭時期卻不能護自家股票的盤，還要大量挪用納稅人的血汗錢，這是不合理也不健康的。政府也不應該刻意做多股價。試問之前不暴漲，現在怎會暴跌呢？如果大家都老老實實領股利，股價不漲不跌，又哪來這些股災悲劇呢？

不要「樂觀」，只要「正確」

是「勝者為王」，不是勇者為王；是「適者
生存」，而非智者生存。市場如戰場，除了
生存，就是淘汰。

金融市場自己會發現該走的方向。

就像洪水潰堤，哪裡有破口，洪水就從哪裡出去，
但等我們發現破口時，災難已經發生了。

金融市場有時樂觀，有時悲觀，但絕不會照個人的
規劃走。如果今天我們因為採取某種看待未來的觀點和
假設而賺到了錢，還是要提防意外，不必太相信自己的
預測能力，這就好像簽樂透，今天用生日號碼中獎或用
「高深理論」中獎，其實結果都一樣，明天用同樣的方
式不一定會中。

你或許聽過這樣的消息，「中國經濟高速成長和美
國的低利率促成 2003 年以來股市的多頭，因為證據顯
示這樣的形勢會持續，所以股市的多頭可望持續」。這
個說法表面上看起來似乎有理，可是卻是一個大陷阱。

079

問題出在哪裡？

如果你已了解股價的本質就可以回答這個問題了。股市的多頭成因之複雜「絕不是」由單一因素決定的，而所謂「中國經濟高速成長和美國的低利率」適足以釀成石油危機和借貸風暴，正為超級經濟大蕭條鋪路！今天促成股價上升的燃料，到了未來就變成恐怖炸彈。更何況，還有鮮少被注意的氣候變遷和病毒突變的危機在旁伺機蠢動。

不要太天真了！有道是「此一時也，彼一時也」，「橫看成嶺側成峰」。請注意，他用「可望」這個詞，看的人還以為「應該」是如此，換句話說，如果股價逆轉，他就有後路可退，把責任撇得一乾二淨。假使有人奉行這個樂觀的夢話而重金買股，看到股價崩盤，還堅持己見、打死不退，我們只能祝他好運了。當然，樂觀無罪，樂觀的假設與觀點也許有其道理，也是有可能賺到錢的，但這種走鋼索的危險行徑實在不值得鼓勵。

讓我們向大禹學習！他記取父親圍堵洪水失敗的教訓，改用疏導的方法，就這樣成功了。

🔖 市場一片榮景，你能忍得住嗎？

市場價格高估時通常是在企業獲利創新高，股價創新高，好消息滿天飛，而那些所謂的專家和分析師大力喊進，對未來樂觀到達極點的時候，此時，現金和放

空的投資價值卻開始悄悄浮現。同樣的，市場價格低估時，也通常會聽到許多壞消息與悲觀的展望，但做多的投資價值這時也慢慢顯現出來。

過渡期的殺傷力很大，因為隨時可能江河日下，但價格續漲的理由卻似乎還很充分，也會出現短暫的動能漲幅，這就像「海市蜃樓」。很多人看到跌下來了，還會再加碼攤平成本，結果是愈弄愈糟糕，難逃失敗的命運。

你能用鋼鐵意志克服這種錯覺陷阱嗎？你能在股市多頭，一片榮景時，做到功成身退，改弦易轍嗎？你能像巴菲特一樣在 1999 年網路泡沫狂漲時堅定持有大量現金及公債，深信泡沫幻滅後才是股票最佳買點嗎？這正是成功的關鍵！

預測無非是一些假設甚至是幻覺。我們在第一章已了解到金融市場「不可知的未來」，人類面對未知的上帝審判，光憑過去歷史和一些吉光片羽，捕風捉影，就遽做結論，只是庸人自擾而已；甚至很多時候人們只是用「心理期待」來代替「實際情勢」，樂觀黨永遠猜樂觀的預測，悲觀黨永遠猜悲觀的預測。樂觀黨可能當權但絕不會永遠，悲觀黨亦是如此。今天僥倖猜對了 N 次，也不保證能猜對第 N+1 次，而猜對 N 次的人更慘了，以為能永遠猜對，就疏於控管風險，可能在第 N+1 次大舉進場就被淘汰出局了。

太多時候，市場上漲的理由不是我們（或媒體裡的專家）想的那樣。一個好例子是 2008 年的美元走勢；年初美元走貶時，的確有分析師唱多美元的走勢，他們的理由是美國經濟在年底將復甦，結果美元在下半年真的鹹魚翻身了，但理由卻剛好相反，是因為美國經濟惡化太嚴重了，導致市場大戶搶美元避險！

就算上漲的理由是我們想的那樣，但換個月份，少了支撐，多了賣壓，嚴酷的考驗也可能會逼它下台。但如果它通過考驗，淡季不淡，那又另當別論了。

拜託，請不要再猜了

再講一個有趣的例子，不少人押寶 2008 年大選完的兩岸題材、京奧熱潮及美國總統大選，以為這是百年難得一見的大行情，結果這個所謂的「大行情」真的「殺很大」，讓店頭指數從 160 點（2008 年 5 月）暴跌到剩 53 點（2008 年 11 月），然而就在大家哀鴻遍野時，真正的大行情誕生了，才短短半年，店頭指數「靜靜吃三碗公」，到 2009 年 5 月大漲到 112 點（漲幅111%）！

我們只是觀眾，而非導演。當我們讚嘆一齣戲的高潮，並試著了解其複雜成因時，這齣戲已然落幕。

即使我們有最先進的電腦程式，最即時豐富的資訊，都不必太相信自己的預測能力，更何況猜錯是會重

重倒扣的。

看看美國的雷曼兄弟投資銀行吧！身為全美第四大投資銀行，他們有首屈一指的分析師、電腦設備、資訊⋯⋯結果呢？畫餅充飢，講得頭頭是道，還是錯，做出來的預測慘把百年基業毀於一旦。

要知道，是「勝者為王」，不是勇者為王；是「適者生存」，而非智者生存。市場如戰場，除了生存，就是淘汰。

好死不如賴活，死纏爛打追求不賠本，才能生生不息。

「不能錯，不能賠，才能談其他」，這就是金融叢林的生存法則。

如果你想賺金融市場的錢，最重要的事就是不落俗套，不要跟著市場去樂觀或悲觀，更不要自找麻煩去找理由做預測。我們只要控管好態度和風險，「讓市場自由」，注意「彈性」與「防備」就足夠了。

想想銀行和證券行是怎麼賺你的錢的！

不管我們是賺是賠，他們都可以抽到手續費，這就是他們聰明的地方。

你也應該思考，我們該怎麼做，可以不論金融市場怎麼變化，都能不受影響，又能妥當地賺到錢呢？

聰明的人會當莊家與行家，不會花大錢做賭客。只找容易答對的題目作答，否則寧可不賺，這才是上策。

只挑容易答對的題目作答

投資的時候，一定要先了解哪一些題目是我
們比較容易答對的。尤其是要問問自己，什
麼情況比較有把握，不要道聽塗說，把原有
的本金及機會都輸掉。

接下來我們介紹「意識財」的觀念。賺錢最重要
就是要賺我們所知道的錢，而不是來路不明的錢，也就
是說我們有把握它的走勢會符合預期，所以才這樣投資，
最後的結果也符合當初的規劃。相反地，如果碰到來路
不明、不符合標準型態的情況，我寧可不出手，讓時間
來考驗一切，直到情況明朗。

記得以前在大學聯考的時候，答錯是會倒扣的，所
以老師常常提醒我們說有把握的才寫，沒有把握的不要
亂寫，免得把原先答對的分數也扣光了。投資也和參加
這種會倒扣分數的考試一樣，想錯做錯的人會比完全不
做的人還差。既然如此，「摸著石頭過河」或許會是一
個較好的策略。

當我們還沒有搞清楚狀況，就貿然投入大筆資金，

很可能不只是徒勞無功，還會把我們原先的機會也丟掉了。很多時候，多做多錯不如不做，投資的時候也是一樣，要先求正確，不要貪多。

🖋 投入的資金要適當

首先，在投資學裡面有一個所謂「對大筆資金的詛咒」；意思是說當我們投入的資金超過我們的合適規模，那失敗的機率很可能是比較高的。當然所謂的大筆並不一定說是多少的金額，而是就一個操作的人感覺而言；譬如說某人每個月的收入才 2、3 萬，結果要他操作 100 萬的資金，隨便一跌就跌掉 5、6 萬，這對他來講就是屬於一種太大筆的資金。因為他會產生一種恐慌，沒有辦法理性做出一些進出的決策判斷。

所以為什麼很多退休族，拿到一大筆退休金，在投資的時候常常以虧損失敗收場，就是這個道理。

因此，「挑容易答對的題目作答」第一件重要的事，就是投入的資金要適當。可以按照個人收入的情況來投資這種有風險的金融市場。假設某人的薪水是 2、3 萬，我會建議他以 20 萬、30 萬的資金來做一個固定金額的操作單位，因為 20 萬虧損 10% 大約是 2 萬，他心裡會比較容易接受。也可拿某年的年終獎金來操作，或有充足的存款，可取存款的十分之一作為固定金額的操作單位。之後如果收入提高，或已有穩當投資獲利的模式，

或碰到大股災這種天上掉下來的禮物，才可以進一步增加投資金額，但還是要定額，不能無限上綱，因為人能承受的虧損是有限的。

確立底部來做多

第二，這所謂易答對的題目如果我們能夠先確立它的底部再來做多，也比較容易成功。以月 K 線為例，經過一季（在多頭期）至幾季（在空頭期）的修正，它已形成一種 W 底、島形，或數個月的低檔支撐，或有一個強勁反彈的底部，這樣的話失敗的可能性就會大大減少，那賺錢的機率當然也會提高。

確立頭部來放空

第三個情況就是在頭部確立的時候，我們來放空。當一個市場的走勢經過數季的上漲，它從至高點產生一種崩盤的狀況，那大概可以暫時確立它的頭部，這時候每當有反彈，我們就來放空。將資金分成數筆，哪一週有向上反彈我們就向下做一筆放空，在這樣的情況下也是比較容易成功的。

確立波動，低買高賣

還有一種狀況是波動確立。有時候它不是底部也不算是頭部，而是中期的一種波動，這種波動確立的

狀況，我們只要有逢高觸頂就減碼，逢低觸底就加碼的短線操作策略，低接高出、低買高賣，也是比較容易答對、成功的。

選擇合適的工具

我們選擇的工具也必須要按照「自己的條件」與「市場的狀況」來配合，假設有一位警察，平常忙於公務，根本沒有時間看股票、研究股票或者是操作，這時候要他去買賣這些比較高風險的投資工具可能很難成功。除非他委外操作，否則選擇低波動，例如保本型、貨幣型、債券型的工具，或是以領股利為主，會是比較適合的。

另外，市場的條件也會影響我們工具的選擇，例如說在 2007 年到 2008 年期間，大概只有美國公債或是日本公債之類的基金能夠以較低波動創新高，所以，不同的市場狀況，也要搭配相對應的、合適的金融工具才可以。

有一些錢不容易賺

我們應該要常常問，哪一些錢是比較不容易賺的。在金融市場裡的確有一些錢是不容易賺的，譬如說在一個情況混沌不明的時候、自己對盤勢很不確定的時候，我們卻硬是要去做多或是放空，可能都不是那麼容易賺

到錢。相反地，如果是要下車的人已差不多走光了，在一個比較壓縮的低檔期，我們能夠先持有股票、基金，等到市場資金變充沛了，熱錢蜂擁而至，整個大環境好消息變多的時候，再來賣股票、基金，這樣會比較容易賺。

市場裡面並不是只有上漲跟下跌，其實還有第三個狀況，就是不確定、不知道、不明朗，我們必須要先學習分辨哪一些是可靠的，哪一些是不可靠的，再來講其他，這也是「摸著石頭過河」的真正涵義。

「病急亂投醫」在發生虧損後最常看到，很多人虧損了就想要趕快賺回來，結果變成亂投資；聽人說會有×月行情，會有××題材（新聞裡總會有一堆要你進場或不出場的藉口和理由），看到一個什麼利多或者是心裡面想到這樣或許能夠賺，就胡亂砸錢，結果愈賠愈多，終至恐慌殺出，餘悸猶存之下，連肥沃的低檔出現也不敢買、沒錢買，實在非常可惜。如果我們無法分辨是什麼狀況，不確定未來發展是怎麼樣，寧可抱著現金、存款不要動，去度個假，或許還是最好的一個策略。

投資的時候，一定要先了解哪一些題目是我們比較容易答對的。尤其是要問問自己，什麼情況比較有把握，如果我們只是聽人家講、只是看新聞、只是猜，而不是去找容易答對的題目來作答，很可能非但徒勞無功，還會把我們原有的本金及機會輸掉。

低風險高報酬：
富裕人生，始於保本

因為它保本，所以用來成長的基礎有增無
減，即使速度是固定的，也能有出人意料的
複利威力。

複利的威力

或許你聽過複利的威力，如果每年複利報酬率是
25％，經過了 5 年會變成多少呢？不是 125％，而是 3
倍。

複利累積的速度超乎我們想像，卻很少有人去研
究為什麼複利能有這麼大的威力，以及要如何做才能
夠達到同樣的效果，我們來看看，為什麼複利累積每年
25％經過了 5 年就會變成 3 倍。

第一，因為它原先的基礎，並沒有受到損傷，然
後經過了 25％的增加以後，它就不再是原先那個基礎。
譬如說本金是 100 元，經過了 25％的增長，就變成
125 元，然後再用這個 125 元，做 25％的成長，就變
成 156 元了。因為它保本，所以用來成長的基礎有增無

減，即使成長速度是固定的，可是基礎越來越大，這也是穩定中求全面成長的一種模式，所以它才能夠有這樣子出人意料的強大威力。

要達到複利效果，有兩種方法：一為靠別人，二為靠自己。第一種就是靠別人來幫你保本，然後給你這些複利的利息，譬如說銀行存款。或者，假設我們持有某塊土地，周邊的土地價格一直都不跌，持有者都不賣，這樣子想要買土地的人就必須用更高的價格來買，這時土地也是在原先基礎不變的狀況下增值的，所以也能夠達到複利的目的。

可是這種靠別人來幫你保本，給你複利的方式，在很多情況下是不可靠的，尤其是在金融市場裡面。因為金融市場的價格常常在波動，如果我們買錯了位置，很可能本金一下子就虧損，那它就沒有辦法用複利的成長模式，因為基礎已經縮小了，甚至在縮水很多的情況下，連要回到原先那個本金都很困難。所以，第二種情況，就是靠自己來創造一個「複利累積模式」，以達到類似效果。

自製複利模式

在金融市場裡，比較可行的應該是靠自己來創造一個「複利累積模式」，而不是去幻想別人會給錢。

巴菲特曾講過一個「複利機器」的觀念，他認為

理想的事業是能夠安穩的賺取高資本報酬率，然後用本
金和賺來的錢繼續安穩的去賺取同樣的高報酬率，好像
滾雪球一樣；也就是說必須先有「安穩賺取高報酬」的

理財停看聽

基金經理人為何不能幫你保本？

★ 契約並未明訂保本。

★ 和大盤比績效，且有法令限制。

★ 崩盤速度遠超過觀察及反應速度，又不敢隨便賣
   股票，以免漲時跟不上。

★ 不能做放空。

★ 大家比快不比穩，買到的盡是泡沫。

★ 開放式基金，好股有限，熱錢無限，持股漲愈
   多，熱錢進愈兇，被迫頭重腳輕，買在高檔，大
   部分資產都是危樓。

★ 為提高基金績效，好股大家追漲，於是漲得更
   快，等情勢不妙，這些泡沫股，大家逃命唯恐不
   及，也就崩得更快。

★ 高周轉率的基金尤其危險。

★ 政府為求穩定股市，會限制基金經理人賣股，只
   好眼睜睜看它崩盤。

★ 個股無量跌停，想賣都賣不掉。

能力，才有複利可談，大部分的人講複利往往只講高報酬，可是那卻是一個幻想，還沒賺到錢可能本金已經賠掉了。

很多人看到股市下跌可能也會跟著避之唯恐不及，但事實上，只要我們沒在「斷崖期」被傷到，這種股市恐慌性崩盤是一種天上掉下來的禮物。

因為股市的能量都是聚積在一個低檔，每次有股災，就創造出一個高能量的保本低檔，只要在低檔出手都有賺，使得可用資金愈來愈多；而且跌得越深，我們出手的金額就越增加，買到的低檔單位數也愈多，這樣的話就可以達到一種自製複利的效果。因為我們在一個擴大的基礎上面，有一個安全且較高的報酬率。這種自己創造出來的複利效果，應該是比較可行的。

接著我們要提一下，所謂的「反複利」。剛才講說如果持有者都不賣，這樣要來買的人就必須以更高的價格購入，於是會形成一種複利的現象。但是如果相反呢？不管是股票、基金還是土地，持有者拚命地賣，搶賣之際只能夠用更低的價格來賣出，這就會變成一種「反複利」現象，一下子就會跌掉一半。我們投資的時候，儘量要避免這種反複利，要張大眼睛只找那些有能量的低檔，這樣子才能夠得到複利的好處。

表三就是拿不保本與自製保本的複利模式做比較，我們發現自製保本能穩定達成複利累積模式，不保本則

做不到，不然就要運氣好遇到超強標的能幫你達成複利
累積。

年	以10% 複利成長$	不保本$ （慢漲快跌）	保本$ （快漲慢跌）
0	10.00	10	10
1	11.00	10.5	10
2	12.10	7	9
3	13.31	8	11.7
4	14.64	9	23.4
5	16.11	10	23.4
6	17.72	11	28.08
7	19.49	12	36.5
8	21.44	8.4	36
9	23.58	8	43.2
10	25.94	6	43.2

表三　投資本金保本與不保本差異比較

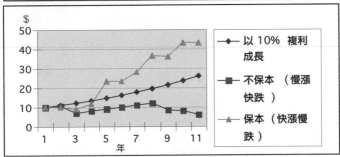

最大風險是「意外的波動」而不是「波動」

另一方面，妨礙我們保本和複利累積一個最重要的

因素就是風險。金融市場裡面的風險是什麼呢？很多人會以為是波動，其實並不盡然。

假設有一種金融工具，要下跌之前會先告訴你，讓你避開，而要漲起來之前也會先告訴你，讓你可以提早預備，那這種波動其實是很好很友善的波動，不會讓你虧損。

我要講的風險是「你不了解的波動」，也就是「意外的波動」，這才是真正致命的原因。如果你投資一個金融工具卻不了解它，或是有一段期間不了解它，而它又會波動，這才危險。相反的，如果你能夠掌握它的規律，就算它會波動，其實對你而言也是有好處的。

很多時候波動並不會造成我們的損失，譬如我們在很低價時買進，然後它漲了一倍，之後又上下以 30％的一個幅度來波動。事實上這一種波動並不會傷害我們，因為我們低價買進。最怕是它漲了一倍以後我們才追高買在高點，那只要震盪個 10％我們就會損失很大。

總結就是：「真正的風險，是一種有意外的波動，而且當這種波動會造成我們損失本金的時候，才是最危險的。」

我們做投資時，一方面要追求複利模式，另外一方面要避開這種意外風險所造成的損失，所以我們就要不斷去追求一種「低風險、高報酬」，也就是所謂的「高勝率」。當我們做一個決策之前，一定要先判斷它是不

是比較容易賺到錢？是否賺錢的機率比較高，賠錢的機率比較小，處在一個相對低風險、高報酬的狀況下？

我要講的是，它是一種相對的概念，我們將風險跟報酬拿來做一個比較，如果說它的報酬是高於風險很多的，那就是一個比較值得投資、比較好的一種決策模式。你會發現不管哪一種工具，債券、股票、基金、土地，事實上有很多機會，可以讓我們有低風險高報酬的狀況。請不要誤會，以為一定要投資股票才能夠低風險、高報酬，其實在一個股市已經漲很多的高檔期，它可能是高風險、低報酬。或者是你以為波動比較小、安穩的基金，可是等到它已經漲多了，也會變成一種低報酬但是高風險的狀況，所以我們要常常檢查，是不是報酬相對於風險是高很多的。

當然，風險也有絕對性的考量，就是之前提過的，要按照自己能夠承擔的，來做資金的配置，假設月收入只有 2、3 萬，那你投入 100 萬資金顯然是太高了，這就是比較絕對性的一種風險考量。

即使你判斷是低風險、高報酬的，還是可能有萬一的狀況，這種「萬一」就有可能讓我們前功盡棄。所以我們一定要想一個「雨天備案」，規劃好解套的方式，萬一真的出錯了要怎麼樣來恢復，這都是我們在下單之前要審慎考慮到的，在往後幾章會陸續告訴大家。

第三章

財富自動倍增
的安心投資法

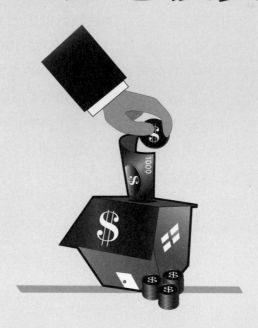

- ■ 鑽木取火投資術
- ■ 投資的三大原則，五種技巧，八類資產
- ■ 一定要搞定股災：實例應用及解析
- ■ 投資方法必須依個人情況做調整

「有一個撒種的出去撒種；撒的時候，有落在
路旁的，飛鳥來喫盡了；有落在土淺石頭地
上的，土既不深，發苗最快，日頭出來一曬，
因為沒有根，就枯乾了；有落在荊棘裡的，荊
棘長起來，把他擠住了；又有落在好土裡的，
就結實，有一百倍的，有六十倍的，有三十倍
的。」

                                    ～聖經馬太福音13：3-8

聖經上有一個著名的故事，是說上帝想要毀滅一座罪惡之城，可是祂又想保護這座城裡的一位義人和他的家人，於是祂就派天使把他們救出來，天使叮嚀他們說：「逃命時不可回頭看！」，可是，他的妻子卻不聽天使的話，回頭一看，結果馬上就變成了一根鹽柱。我們投資也是一樣，不要回頭看，而是向前看，未來什麼事都可能發生，所以要有方法，要做好預備。

鑽木取火投資術

木棒就好像本金，木板就是經過壓縮以後高
能量的低檔，火就是價格的增長，然後把火
的能量儲存在木炭裡面，也就是我們再把它
換成穩固的存款。

請回憶一下，我們的核心問題是：「如何在充滿誘
惑與意外的金融市場上保住本金，並且持續以複利模式
累積財富，達到所得替代與資產替代的目標，以實現人
生理想」，不管是用什麼投資理財的方法，都不能偏離
這個主題。

在此要介紹一種很好用的投資方法，我把它取名為
「鑽木取火投資術」。

史前人類如何鑽木取火呢？他會先用木棒在一塊木
板的凹槽一直鑽洞，然後就產生火花，變成火焰，這個
火焰可以把木柴燒成木炭，將能量儲存起來。

投資也可以運用相同的模式。我們有一筆本金，在
市場下跌時，買進高能量的低檔單位數，之後它會上
漲，這就好像產生了火焰。事實上，這種火焰是不可靠

的，因為它上漲以後會下跌，所以我們必須趁它還在漲的時候，就把它的能量儲存起來，意即要賣股票、賣基金。我們的本金，加上高能量的低檔，就是生火的工具，等到火焰出來了，就把能量儲存起來，也就是再把標的賣掉，變成一個比較擴大的本金，這就是「鑽木取火投資術」的主要概念（也就是專注於能量累積）。

接下來，我詳細地介紹其做法。

我們可以把資金分成幾個部分，第一個是存款，第二個是保險。存款跟保險都是用來應付一些意外事故的發生。存款方面我們可以有台幣存款，如果再分散一點，可以適度的持有黃金跟外幣（假設兩者都在漲）。

第三部分，就是做金融的投資跟實體的投資，所謂金融的投資就是買金融市場上的投資工具；所謂實體的投資就是非金融的部分，譬如說關鍵的知識、關鍵的技術、關鍵的資源、土地、不動產等等。

我們進一步來解釋金融投資應該如何劃分。

金融投資應該短線、中線、長線並用

如果我們的資金需求明明是短期的，可是卻把它放在一個比較中長期的投資工具上面，那很有可能我們的期待會落空，或者在我們需要用錢的時候，會被卡住。而若我們的資金需求是中長期，卻買在只宜短線操作的高檔區，於是市場重挫時，我們就毫無警覺心，因而嚴

重虧損。

　　所以最好預先設定好，將用來投資的錢分成短線、中線跟長線三種，並依市場條件搭配並用。

　　如果是長線，我們必須從長計議，希望買進的成本趨近於零，而得到的回報趨近於無窮大。在處於下跌以後的低檔市場狀況下，在它被看衰冷落的時候，才來投資買進，而且這種長線可以買得很便宜，放的非常久；短期不漲才好，可分批進駐，用來多買一點單位數，多領一點股利，並且期待它有一天甦醒過來，可以增值好幾倍，也就是「放長線，釣大魚」。當然，我們應該慎選體質結實，具有巨大潛力的低估標的來做長線，而不是勉強去刻「不可雕的朽木」。

　　如果是中線，那我們會期待它一年內要上漲，所以要買熱門的標的（但也不要熱過頭了），就等市場行情能夠支撐一年以上，意即多頭持續一年甚至以上，就可以把一年以內不會用到的錢，放在這個中線資金裡面；當然，並不是所有股市的條件，都能夠支撐一年的多頭，很多時候，只漲六個月又會再跌下來，所以我們必須要謹慎考量，等到它確實能支撐一年的多頭，才把資金放到這個市場去。

　　而就短線來說，通常就是以日、週、月、季做結算。這意謂著，還沒坐熱，馬上就要起身離開，而且買進的價位也不太能放心，所以不建議運用太大筆的資金

投入，大約占總投資金額的 1/3 以下就可以了。然後心中要有準備，不管是賺或賠，只要是看不對勁、不符合我們當初的預期，就必須要提前閃人。

值得留意的是，為什麼很多人會投資失敗。可能他原本預計要放一年，但是碰到一個臨時的狀況，沒有辦法隨機應變，於是這一年的資金就嚴重虧損、被套牢。其實如果情況不符合當初預期，我們就必須果斷地把這個中線資金挪出來，留短線在裡面；假使情況還是不明朗，連短線也不能做，那就應該把短線的也撤回來。

⚑ 怎樣投資才能安心讓錢變大？

我們先用下面這張圖（圖二）來解釋。以月線（即以每月均值為一個觀察點）來看，在一個循環週期當中，股價因為壞消息而壓縮，達到一個高能量低檔，股價低股利率高，這時候很適合做長期投資的買入，因可以領它的股利領好幾年。接著，隨著能量慢慢的釋放，股價就會慢慢的上升，股利率也就緩緩下降，如果我們在高檔的階段買基金或股票，這可能不是一個好的長線買點，因為它接下來或許會虧損本金，就算有發股利，但賠了本金，那也不是很划算。所以，當價格逐漸上升到高檔的時候，就只適合短線操作，逢高出場，一直到它因為壞消息又開始大幅的下跌，回到壓縮後高能量的低檔，我們才逢低進駐。

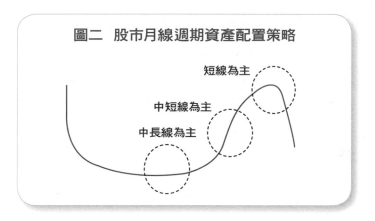

圖二　股市月線週期資產配置策略

短線為主

中短線為主

中長線為主

　　這套「鑽木取火投資術」，基本上就是用鑽木取火的架構跟模式，木棒就好像本金，木板就是經過壓縮以後高能量的低檔，火就是價格的增長，然後把火的能量儲存在木炭裡面，也就是我們再把它換成穩固的存款，用這套方法就可以非常可靠的讓資產倍數增長。

　　投資基本上是讓錢變大，那一筆錢怎樣才會變大呢？當然就是把它換成一個具有高能量的東西，不管是基金或是股票都好。所謂高能量的東西就是低檔的單位數，當我們用越來越多的錢去持有低檔單位數的話，就好像買到了一個寶貝，我們的錢也會越來越大。所以我們可以先從一筆固定的本金出發，以控制住最壞的損失，然後每逢上漲就把它轉換成現金，那我們就會有更多的現金，再來等低檔單位數出現，如此循環，我們會發現原先的本金會放大好幾倍，甚至於當初投入的本金可能是我們最後擁有資產的一個小小尾數而已。

🔎 如何避險？

我們來看一看，為何這套方法可以避險呢？

因為有準備存款跟保險，可以幫助我們在失業、意外、疾病或者是其他人生風險來臨的時候，無後顧之憂，並且在碰到股價下跌至高能量低檔時，可以逢低買進；因為我們也有投資的部分，所以通貨膨脹時，投資的部分可以跟著通貨膨脹一起增長，這樣就可以避開它的風險；另外，我們準備有長期的投資，這是每年都能夠領股利，可當遺產的；我們也有短期的投資，以因應短期需求。正因為是短期，所以可以做多，也可以放空，低買高賣就能避開下跌的風險。只有遇到一個年度波段，我們才會有中線的考量，也就是能夠放一年的投資。

經過這樣的規劃跟配置，我們可以不必害怕金融崩盤、金融海嘯等等，相反的能夠因禍得福，因為恐慌造成股價下跌的時候，我們可以有資金趁機在高能量的低檔來做買進。

這套方法也符合我們的複利成長模式：第一個就是要保本，第二個要在擴大的基礎上成長。待股市下跌到一個高能量低檔的時候，我們就擴大投資的基礎（增加金額和單位數），而且這種高能量的低檔有時一漲就是漲一倍；所以，經過這樣子反覆操作，我們就能夠按照複利的方式倍數來累積財富，這的確是一個蠻值得推薦的投資方法。

理財停看聽

從事理財為何要堅持保本？
（總投資本金勿跌過 10%）

★ 血汗錢不值得在金錢遊戲中燒掉。

★ 低檔的一塊錢相當於高檔的兩塊錢，本金在高檔
燒掉而無法在低檔買入，是加倍損失。

★ 本金是寶劍，「劍在人在，劍亡人亡」。

★ 才不會造成各種額外壓力、困惑和負擔。

★ 才能從容等待恐慌殺盤，以逢低布局進駐，也就
更加安穩。

★ 持續保本，才會有強大的複利累積效果，否則進
一退二，只是徒勞無功。

★ 保本才有實力，也才會有能力、有尊嚴。

★ 本金虧損太多，就會不敢動用，會妨礙健康、生
活、生涯發展，或其他更好的投資機會。

★ 本金虧損太多，可能會急著復原，一急又會賠更
多。

★ 自己不保本，別人也不會幫你保本，一旦虧損達
40%就要再漲 66.67%才回得來，並不容易。

★ 個人賠掉積蓄和保命錢，政府不會來紓困，親友
冷眼旁觀，最後只會犧牲掉自己和家人的健康與
發展。

★ 養成謹慎踏實的致富習慣。

★ 提早出場才不致淪落到恐慌時大賠逃命。

投資的三大原則，五種技巧，八類資產

三大原則，先把心理建設好，無欲則剛；五種技巧，是不怕意外崩盤，又能保有機會的關鍵祕訣；八類資產，不會同幅度漲跌，才能以天險抵銷風險。

　　市場就是市場，人多事雜，野火燎原，不是你家的後院，也不是你「以為」安全就會安全的。水能載舟，亦能覆舟，而它何時變臉，常是看不準的，等看到它變臉，已經受傷了。

　　大方向當然還是要堅持保本，再怎麼意外，總資金勿跌超過 10%。我們在這裡提出三個重要原則，讓你不怕金融危機，還能因禍得福。其一為市場中立原則，其二為到期日區分原則，其三為多元策略原則。

🔭 三大原則

◎市場中立原則

　　「讓市場自由」的意思就是，承認波動可上可下，幅度可大可小，我們的立場則始終保持中立。市場價格

本是「金錢遊戲」，上漲或下跌都有好處有壞處，但因為我們中立，所以漲跌就傷害不到我們。我們不是單靠漲價來獲利，而是以可靠的方法來善用它的各種本質及動能。就像捕魚，任憑魚兒神出鬼沒，有辦法的人就是能滿載而歸。又像如來佛的手掌心，能把千變萬化的孫悟空手到擒來。

不必盯新聞，不必聽專家建議，不必根據歷史，不必找理由預測價格走勢，不必思慮到頭腦打結，也不會冒著猜錯及破產危險，只要專注於「彈性」與「防備」就夠了。

重點是「下活棋，留後路。追求機會，不忘防備」，求保本而不求短期帳面報酬。自作聰明，反而會自毀前程。

著名的投資人華倫‧巴菲特說過：**「投資的第一原則，就是不要賠本；第二原則就是永遠不要忘記第一原則。」**他永遠只買被低估的標的（如同別人不要的雪茄屁股），以擁有所謂「安全邊際」，而且他採取另一種方式達到市場中立原則，那就是他在股災時用極低的價格收購高現金收益的公司，光靠每年回收的現金就足以還本。

或許你有看過一種「定時定額扣款攤平法」，這種方法假設持有基金或股票的期間內市場價格終必上揚，因為低檔可買到較多單位數，能加速降低成本。多頭獲

利（報酬乘數量）會比空頭虧損多，所以定時定額買入，可分散空頭風險。很多所謂的專家以「過去」股市全盛時代的數據大力鼓吹這種投資法，強調「隨便買，不用賣」的神奇效果。這種方法是否符合市場中立原則呢？

這方法或許比依賴預測亂投資好，但它仍是一種賭博。如果你 10 年後要用錢，卻不幸碰到百年大蕭條，先前累積的定時定額報酬率賠掉 50％，而到要用錢時卻只回來 20％，那怎麼辦？或許基金公司會說，那就「堅持到底」，延長到 20 年、30 年。但問題是，時間拉得愈長，各種風險也相對提高，儘管低檔可買到較多單位數，我們仍無法保證到要用錢時，多頭獲利一定會大於空頭虧損，更何況我們的辛苦錢是要給自己用，不是給別人拿去做實驗的！

「隨便買，不用賣」的定時定額扣款懶人投資術，只能適用在運氣好碰到全盛時代，或碰巧在低檔買得較多，或者投資金額較小，若虧損也不致影響什麼的特殊情況，不能當成普世真理。

但它巧妙利用分批資金擴大低檔能量單位數，以因應可能波動的做法，倒是值得參考。因為低檔期一塊錢可相當於高檔期的兩塊錢，若能有資金在低檔期多買一些單位數，確可比「完全不做」更快彌補之前的虧損。這也可見保有充足現金的重要性。我們可以在低檔期，

「定期檢視，定額分批買入」，來充分利用這個原理。

　　較理想的做法是，若能在高檔期（泡沫期）改增持現金，換取在低檔期（壓縮期）增加「低價單位數」，以累積「低價單位數」而非「價格」作為目標，最好是在股災後進場，價值漲一倍就收回本金，以獲利在裡面打滾，就較為安全穩健了。

　　以下表四到表五說明低檔單位數如何幫我們解決意外下跌的難題。假設基金意外跌掉一半，表四說明若再於低檔買進相同的金額，可買到多一倍的單位數，平均成本因而可大幅拉低到 13.33 元，也就是只要漲 34％即可恢復原狀，而若基金回到 20 元，它可賺 50％，這顯然比完全不做，必須要漲 100％才能復原要好。

　　表五則是在賠 10％先出場，再於低檔買進，若基金回到 20 元，它可賺 80％。這種策略最多只賠 10％，若賺可達到 80％。這又比表四的「只進不出」策略有較低風險和較高報酬。

　　若意外在高檔賠 10％，要如何用專案方式彌補呢？其實只要用 30％的資金低檔增值 1/3 即可恢復原狀。表六說明在高檔意外賠 10 元，但只要拿出 30 元，當基金從低檔增值 1/3，即可把賠掉的 10 元賺回來。

　　至於用基金來賺股利是否可行？大部分股票型共同基金的殖利率比債券還低，無法達到巴菲特式的市場中立效果；就算是標榜高股息，賺了股利卻大賠本金的貼

表四　投入新資金，不撤回舊資金					
新投入 資金$	總投入 資金$	基金淨值 $	總持有 單位數	總平均 成本$	總資產 價值$
100	100	20	5	20	100
100	200	10	15	13.33	150
0	200	20	15	13.33	300
				報酬率	100/200 =50%

表五　賠10%撤回舊資金，不投入新資金					
新投入 資金$	總投入 資金$	基金淨值 $	總持有 單位數	總平均 成本$	總資產 價值$
100	100	20	5	20	100
					90
90	90	10	9	10	90
0	90	20	9	10	180
				報酬率	80/100 =80%

表六　若賠10%撤回舊資金， 只要用30%的資金低檔增值1/3即可恢復原狀					
新投入 資金$	總投入 資金$	基金淨值 $	總持有 單位數	總平均 成本$	總資產 價值$
100	100	20	5	20	100
					90(-10)
30	30	10	3	10	30
0	30	13.33	3	10	40(+10)
				報酬率	0%

息情況還是不少，而它又不能用放空來保護本金，仍要靠投資人主動的買低賣高才能安心獲利。在這點上指數型基金（ETF）就比共同基金好，而 ETF 的交易成本也比較低。配息型的高收益債券基金，有可能達到 10％的殖利率，但它沒有抵抗空頭的能耐，如果急著要用本金，可能會有損失。

不是不能做基金投資，而是投資者必須先學習自我保護的方法，基金的保本及價格增值功力可能沒有廣告講的那麼高強。基金絕非「高報酬的儲蓄」，投資人應該慎思明辨。

◎到期日區分原則

我們要了解，雖然市場上的波動是難免的，可是資金的運用、資金的需求卻是有到期日的，譬如說下一個月想要出國旅遊，或是家人突然生病住院，我們就要花一筆錢，如果沒有這筆資金可以靈活運用，我們的行程或病情就會受到延誤，因此，每個人的資金其實是有隱含到期日的。

不同的市場情況也可以說是有到期日的，譬如說這個市場已漲多的時候，它適合操作的期間就會比較短，而如果市場是處於下跌後的低檔，那它能夠持有的時間就會比較長。所以，處於市場末升段並且已經在高檔，它就比較適合短線持有，而市場若屬於下跌後的低檔，那它就比較適合長期持有。

投資的工具也是有不同到期日的，例如比較不會受景氣影響的中華電信，它發的股利蠻穩定的，就可以長期持有；而屬於像期貨、選擇權，或是一些剛成立的公司，還不曉得它未來的業績狀況如何，就比較適合短線持有。

換句話說，不管是我們個人資金的需求、資金的用途、市場的條件、投資的標的……等等，它們事實上都隱含著不同的到期日，有的比較長，有的比較短，所以我們在做金融投資的時候，一定要注意這種到期日的區分與配合，這就是所謂的「到期日區分原則」。這樣我們就不會把短期資金放在一個比較中長期的投資工具上面，去期待它快速上漲，因而產生失望；也不會把中長線的資金，買在只宜短線操作的高檔區，因而失去警覺心，造成嚴重虧損。

◎多元策略原則

如果我們的資產和股價指數一樣會漲會跌，生活就會受其影響，可能會沒有足夠的資金可運用，也沒有足夠的資金逢低買進。所以，必須要讓我們投資的資金變成「意識財」或「聰明財」，能得市場波動之利，而不受其害。

也就是說，「一出手就要賺到錢或至少小賠，否則寧可不出手」。

如果想讓投資本金抗跌能漲，應該怎麼做呢？

　　不是靠神準的預測，相反地，是儘量不要堅持預測或偏好，也不要求資產需達到多少報酬率，只要注意那些被低估（不漲不跌，籌碼乾淨）而有巨額潛力的標的，動態保住本金，且分散資金為各種機會做好準備。例如，健康生技股有發展潛力，但現在被冷落，處於低檔，就買一點；只要是處於低檔的有潛力標的，包括放空類標的，都值得加以持有一些，而那些持續轉衰或過於泡沫的就順勢結清取回現金，將來若某些標的漲了，或至少不跌，就會抵銷那些看錯及不幸的標的。

　　重點在這裡，我們永遠會有資金可運用，也永遠會有活水可逢低布局買進。立於不敗，機會無限，資產不大漲也難。

　　請注意，價格泡沫正是「朽木不可雕也」的那根朽木，會使人小賺大賠，徒勞無功。「賣高求低是投資金律，打擊泡沫請不要手軟」，絕不值得把血汗錢浪費在它上面，如果有閒錢不如拿來在低檔勇於布局。要知道，價格上漲或下跌都是一種「腫瘤」，如果是良性，不妨留著，然而一旦它變成「惡性」，就必須明快加以消除。

　　股市不漲有商品及債券，最後還有放空和美元可用。資產配置不是亂買一堆標的，而是互相掩護、彌補不足，以「天敵」來對付意外的崩盤，才能安心達到抗跌能漲的效果。常見的互補資產有八大類型：貨幣、債

券、商品、不動產、主流股、落後股、放空、槓桿（倍數漲跌）。稍後我們會有一個簡單的實例說明。

　　不拘泥於短期報酬，只求每筆出門的資金都能平平安安回家就是成功，若所有的金融市場都變得危險，就把錢存銀行去創業賺錢吧。

理財停看聽

三大原則：先把心理建設好，無欲則剛

三大原則	內　容
市場中立原則	市場價格本是「金錢遊戲」，上漲或下跌都有好處也壞處，但因為我們立場保持中立，市場價格漲跌就傷害不到我們。我們不是只靠價格漲跌獲利，而是利用它的各種本質及動能。
到期日區分原則	在做金融投資的時候，要注意各種隱含到期日的區分與配合。
多元策略原則	不要堅持預測或偏好，也不要求資產要達到多少報酬率，只要注意那些被低估而有潛力的標的，動態保住本金，且分散資金為各種機會做好準備。

　　景氣不好，才來分批低價布局股市，若景氣太好，請賣掉所有股票或股票型基金，去度個假吧。

　　外在的報酬或風險真的不是那麼重要，因為那是連股神都算不準的。

　　問題出在內在！自己的「態度」和「方法」是否已控制好風險，並且不錯失機會，才是成敗關鍵。

　　請務必牢記，如果你真的想在金融市場裡賺到錢，就必須先學會放棄它，學會不貪來路不明的錢，並且小心泡沫。

　　現在我們來講解投資的五種技巧跟八類資產。事實上要避開一些意外的崩盤，又要能保住本金跟機會，是必須要有一些技巧跟技術的；善用這些技巧跟技術，就可以做到不管意外來個地震、山崩還是土石流、海嘯，我們都能全身而退，而且逢凶化吉。

🛡 五種技巧

　　保持中立有以下五種技巧：一是持有本國貨幣，二是同時持有雙向部位（同時做多及放空，部位即持有證券或資產的狀態），三是持有微小的部位，四是持有低價部位，五是分散標的。

◎持有本國貨幣

以台幣為例，我們藉由逢高結清的動作，來確保擁

有充足的資金。如果高能量的低檔單位數出現，我們就可以用更多的資金來買更多的低檔單位數。

◎同時持有雙向部位

　　也就是它會互相抵銷的部位，所以發生意外的時候，對我們而言是較沒有傷害的；比如美元跟歐元一漲一跌，如果我們同時持有，不管它怎麼變，對我們殺傷力都會小很多。或是持有做多跟放空的部位也是一樣，一旦意外來臨，漲跌互補，對我們資產的影響就會減少。

　　當股價指數上漲後，一定會出現高估與修正，但我們不知道何時會崩落，這是氣氛陰鬱的灰色地帶，此時可以同時持有做多與放空部位，無論如何變化，它們的賺賠都會彼此沖銷。等到軋多續跌，就順勢撤出做多部位，讓放空部位收現金。反之亦然，當股價指數出現低估與向上修正，我們就撤出放空部位，讓做多部位收現金。在情況不明朗的時候，先防守備戰，等到情況明朗才出兵開戰。

　　現在金融工具很發達，我們可以搭配放空型指數型基金（ETF）、融券賣出、認售權證、或期貨與選擇權等工具來做這種穩當的雙向部位操作。

　　另外一種情況是股價指數溫和上漲，好像田園交響曲，這時雙向部位法無用武之地，就採分散持有標的類型，在可接受的損失範圍內，逢低布局適當的做多部

位，直到再次出現高估，這時適度獲利了結並增加放空部位。

在目前的市場制度下，**每年的第四季（十月初到十二月底）至隔年的第一季（一月初到三月底）通常會有一波資金行情**。若沒有相對不利的抵銷賣盤，這段期間就會演出股價上漲。相反地，每年的第二季（四月初到六月底）與第三季（七月初到九月底）會有反資金行情，崩盤秀就常出現在這一段。第二到第三季常是資金淡季，若淡季不淡，抗跌能漲，往往暗示一股多頭行情。反之若如 2008 年，從第二季開始崩盤，第三季也會順勢大崩。

◎持有微小的部位

不要小看這種微小的部位，事實上只要拿我們本金裡面的 10 ～ 20％來購買就蠻好用的，因為它如果跌不會影響很多，可是剛好讓我們買到很低檔的單位數，之後放大的效果，讓我們又多了一個安全邊際掩護後續行動。持有微小部位可以用在當我們還不確定是不是已經達到最低的底部，可是它已經很接近底部的時候，或者是我們不曉得它是不是已經在頂點，可是已經很接近頂點的時候，這樣的話如果發生意外我們損失是會比較小的。而若符合預期，我們就可在安全邊際的掩護下逐步加碼。

◎持有低價的部位

　　當我們持有一個低價的部位，價格通常會很快的漲起來，這就形成一個安全邊際（或稱安全低價），就像汽車的安全氣囊一樣，價格在這個安全邊際以上再如何波動也傷害不了我們，所以持有低價的部位，也是不怕意外崩盤的一個方法。

◎分散標的

　　儘可能去利用那些不會同幅度漲跌的標的，同時持有，這樣一來遇有意外的風險我們就不會受到太大的損失。

理財停看聽

五種技巧：不怕意外崩盤，
又能保有機會的關鍵祕訣

★ 持有本國貨幣（結清風險部位）
★ 同時持有雙向部位（風險互抵）
★ 持有微小的部位（降低風險曝露）
★ 持有低價的部位（建立安全邊際）
★ 分散標的（分散風險）

八類資產

接下來就來看一看有哪些標的或資產是不會同幅度漲跌的,如果我們同時持有它們就可以避開一些意外的打擊。

◎貨幣

千萬不要小看貨幣。它其實是一種非常好用的理財工具,除了有利息和升值收益,另一方面是通常不會同漲同跌;例如歐元跟美元不常同時下跌,所以我們同時持有各類別貨幣的時候,一旦發生意外,就可以避開它對資產的殺傷力,再者,當股市恐慌重挫,出現能量低檔時,擁有充足的貨幣就可大量買進好公司,長期坐享厚利。股市如果已經達到末升段時,我們的資金就應轉入貨幣。

◎債券

債券最重要的功能就是可以領穩定的利息,按照它的風險波動性,可分成波動比較小的公債,和波動比較大的新興市場債跟高收益債。事實上,我們如果在低檔買入一個信用良好的債券,它的殖利率能夠達到相當高的一個水準(最好能在10%以上),就可以當成我們退休的現金收入了。我們買債券時要倒過來看,也就是說如果你希望每年能夠收50萬的利息,以高收益債10%的殖利率來計算,就必須要有500萬的債券部位。

◎商品

通常在通貨膨脹升溫時，資金會轉入商品，主要是黃金、石油還有農產品等商品期貨；現在也有很多商品的 ETF，可以來加以投資。因為商品價格是基於一種實際的需求，不會因為企業經營不善或是有倒閉的危險就導致它價格下跌，所以商品也是一種不錯的投資選擇。

◎不動產

不動產是屬於稀少性關鍵資源的投資概念，比如說台北市精華區的不動產供應量有限，而且買的人都在排隊，受到貶值的風險就會比較小。假設有這樣稀少而且關鍵性的一筆不動產，如果能以低價買到，那對於資產是有保值作用的，而當景氣轉好的時候也會產生增值效益。另外也可藉由不動產的 ETF 或是基金來投資，可是這兩者比較沒有稀少性，所以較會受到金融市場波動的影響。

◎主流股跟落後股

每個時代通常會有資金比較偏好的主流股與不受青睞的落後股。1990 年代焦點在科技股，所以 1990 到 2000 年科技股就漲很多，那時候的原物料股則是屬於落後股。但是到了 2000 年以後，原物料股就變成了主流股，科技股反而成了落後股，所以不是說全部都要投資主流股才賺得多，應該是說主流股可能賺得比較快，可是想賺得多卻要投資落後股，因為你現在在低檔

買入，將來它會反應低估的情形，因而會讓你獲利非常多；至於說主流股雖然很快能夠賺錢，可是因為買在相當高的價位，所以長遠來看，不見得賺的比落後股多。

只有被低估的市場，才是值得我們去注意的（如圖三），因為它經過區間整理後，就會有突破前波段的高點再繼續創新高的情況。譬如說拉丁美洲、印度，在過去的幾十年當中，都有這樣區間整理的狀況，最後都不斷的突破前高，而且創新高；相反的，如果是被高估的市場（如圖四），它只會在高檔區間整理，接下來會跌

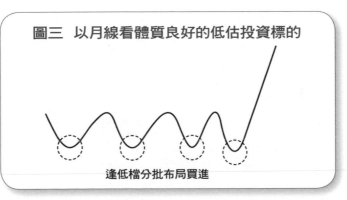

圖三　以月線看體質良好的低估投資標的

逢低檔分批布局買進

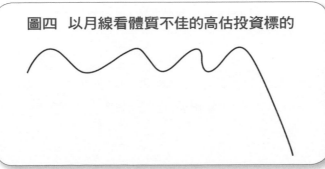

圖四　以月線看體質不佳的高估投資標的

破原先的支撐再繼續創新低，譬如說日本的股市，從 1990 年以來，就一直處在高檔整理然後創新低的階段，或者我們看到 2000 年以來，美國科技股也有這樣的味道。總之，在投資的時候，應該特別去注意那些被低估的市場，這樣子我們的本金才較有保障，也較能夠期待未來有倍數的增長。

理財停看聽

八類資產：不會同幅度漲跌，才能以天險抵銷風險

★ 貨幣（本幣與外幣存款）
★ 債券（實物，ETF，基金）
★ 商品（實物，ETF，基金，期貨與選擇權）
★ 不動產（實物，ETF，基金）
★ 主流股（實物，ETF，基金）
★ 落後股（實物，ETF，基金）
★ 放空（融券放空，放空型 ETF，認售權證，期貨與選擇權）
★ 槓桿（倍數 ETF，認購（售）權證，期貨與選擇權）

◎放空

在投資的時候我們常常會發現，有時候它就是頭都不回的一直跌，這時如果能有放空的標的和放空的資產就是最理想的，這樣我們也不會浪費這段時間。放空的方法可以透過融券賣出、放空型的 ETF 或者是期貨與選擇權、認售權證等方式進行，也就是說如果市場一直「跌跌不休」，我們所持有的這些放空資產就會幫我們增值。

◎槓桿

廣義的槓桿就是借錢來投資，在金融市場裡面也有很多槓桿的資產可以運用，可能不是真的去借錢，**但是它可讓你以小搏大，用比較少的錢就能夠有比較大的一種漲跌幅**。像美股有倍數型的 ETF，或者是買期貨與選擇權，一塊錢可以做十塊錢的生意。當然這種槓桿就要小心，如果做錯了，本金可能很快就會燒掉，所以既然它是「以小搏大」，那我們就應該要用小額的資金來投入。

在長線最佳的低檔買點出現之前，我們做的都是中線跟短線。就中線而言，大概是適用能維持一年以上的漲勢；短線的話則比較沒有限制。因為我們大部分所看到的股市狀況都是在中間，說高不高，說低也不低，甚至看到的可能都太高了，所以我們在長線最佳的低檔買點出現之前，還是以中線跟短線為主，也就是說隨時要

有逢高結清的打算。

　　至於長線的目標就不一樣了，是以增加低檔單位數為要，而且我們不期待它快速漲起來，這樣我們就可以從容分批進駐。當一個最佳的長線低檔買點出現的時候，我們就用之前所增加的資金大量買入，這是有非常多好處的。首先因為我們在低檔買入，所以建立了一個安全邊際，它如果發生一些波動傷害不了我們，因此在保本方面是足夠的；另外這個股票假使會發股利的話，因為我們擁有大量的單位數，所以也會領的比較多，且較不怕它除權息後跌下來。

　　如果是債券型基金也是一樣，我們若有比較高的殖利率，不需要投入太多的資金，就能夠達到跟在高檔買入債券領相同的利息，所以這種低檔或低價的單位數要越多越好，利用一個難得的股災之後大量買入的效果，就像一位大老闆領了很多免費的股票一樣。

　　有一點要注意的是，不管是中線、短線還是長線，我們用來投資的資金以固定金額最好，以控制住最壞的損失。除非已經有七年以上的投資經驗，經歷了多空的循環，而且建立了一個非常穩定的獲利模式，否則最好不要任意擴充我們固定的投資金額，以免因為貪心作祟，把不該投入的錢也投入甚至虧損，最後影響到我們個人跟家庭的生活。

一定要搞定股災：
實例應用及解析

經過3年的操作，我們的本金由30萬增值成了
60萬，每年還多出了3萬的股利可以領。

　　接下來看看實際的例子，我們就以 2007 年到 2009
年這一段股市經歷金融海嘯大幅波動的一個時期，來檢
視我們的配置是不是能達到很好的效果。

　　在投資的時候，如果把未來都想的很順利、很美
好，那我們就不會去做任何的防備，這樣一定沒有辦法
禁得起股災的意外打擊，所以最好一開始就先假設未來
的走勢是「波動型的」，如果真有股災來臨才不會被傷
害到，甚至還可以得到意外的好處，像是能夠低檔買
進。當然，有時我們做了防備，但走勢卻非常順利，那
就等到資金淡月，在有支撐的價位買進，這樣就能確保
資產安全。

　　通常股市的走勢在一段期間的上漲之後，會進入到
一個漲幅較小的高原期，接下來因為資金後繼無力就會

有賣壓,造成斷崖期;斷崖期以後就變成平原期,高原期跟平原期看起來似乎有點像,可是差異性卻很大。因為在高原期,也就是在高檔持有的話,可能逃不過斷崖這關,我們就會有很大的損傷,甚至這個損傷會持續很久;如果我們是在平原期買入,雖然也離斷崖很近,可是它已經利空出盡,想要走的人都走光了,這時候籌碼很乾淨,所以持有它是非常有獲利性的,我們應好好珍惜這種因為恐慌性的賣壓所清洗出來的一個低檔。

最近這幾年的股市變化,事實上是一個可以培養我們風險管理能力,以及學會避開意外崩盤的極佳範例。

實例應用及解析(一)

我們先看第一個情境,就是 2006 年 7 月中到 2007 年 7 月中。這段時間美國房市已經開始下跌,油價由小漲變成大漲,美國聯準會(FED)停止升息,原物料悄悄上漲,美元卻慢慢下跌,然後在 2006 年上半年有發生約一季的小股災,還好在 7、8 月的時候就止跌了,由這樣的一個走勢來看,它是一個股市多頭的末升段,應該還會再漲一段,而因為聯準會停止升息,所以債市會進入一個多頭的初升段,也會有一個很好的表現。

投資並不是說我們要賺多少所以就拿多少出來,相反地,要以所能承擔的風險來訂定金額的大小,在這裡我們假設的風險是 2、3 萬的虧損,所以拿出新台幣 30

萬作為一個固定的金額，控制住最壞的損失。

把新台幣 30 萬分配給短線、中線跟長線各 10 萬。短線是利用一些工具，譬如說可以做多或放空的信用交易、期貨與選擇權等等，來做每日（也就是當沖的交易）、每週、每月、每季結清的交易；中線就是以年度為一個週期，當然這並不是說真的要持有一年，而是指今年的下半年到明年的上半年這樣的一個期間內若有逢高即可逐步結清；另外就是長線，也就是說如果它發的股利殖利率相當好，那我們就可以以領股利為目的來長期持有，至於這種長期持有並不是就不保護本金，我們可以用放空的方式來保護本金。

我們選擇的工具方面，短線以股票、信用交易以及期貨交易做多放空的方式，中線以新興市場相關的基金在 2006 年 7 到 8 月分批來買進，至於長線則選擇南亞買在 45 塊的價位（一張，1,000 股），中華電買在 55 塊的價位（一張，1,000 股），這樣的價格我們預估它的股利率大概有 10%，是屬於一個可以長期領股利的安排。

在做這樣的決策時，也要考慮到退場規劃，否則只知道買進，臨時碰到一些意外，就會錯失退場的良機，所以在買入的同時，也要想到什麼樣的情況下必須離開。如果是短線那很簡單，每日、每週、每月、每季只要有獲利就來結清，保持 10 萬塊操作，不要超過，有賺錢就把它存起來，如果虧損也不過是在 10 萬塊的範

圍裡面，這就有保本的一種作用。

中線是買基金，因為沒有辦法做放空的保護（除非是指數型基金），所以我們要隨時在這一年的期間追蹤它的走勢，看是不是符合預期。如果符合，我們就從 2006 下半年放到 2007 上半年，一旦遇到恐慌性的「買壓」我們就分批出場；假如它漲了一倍，我們可以先取出本金 10 萬塊，剩下的金額視走勢的漲幅，再分批出場。可是碰到不符合預期的情況，如果我們是在低檔買入，已建立好安全邊際的話，就可以繼續看看它是否有支撐，假使沒有支撐就先退場保本。如果連安全邊際都建立不起來，也就是說我們買的價位太高了，一買就賠錢，這樣我們也要提早退場來保本。

至於長線操作，除非我們投資的股票漲了一倍才可能賣，否則我們就是長期持有，以領股利為目的，縱使遇到跌的話，可以用融券放空的方式來保護本金。

一年來操作結果怎麼樣呢？在短線的部分因為操作得宜，做多與放空都很正確，所以由 10 萬順利倍增為 20 萬。在中線的部分也符合我們當初的預期，也順利倍增為 20 萬。至於長線，在 2007 年的時候南亞配 2006 年的現金股利是 5 元，中華電是 3.58 元，股票股利 0.1 股，這兩者的殖利率都超過 10%；如果公司經營穩定，能夠持續維持這樣的股利，那我們每一年就可以有 1 萬元的年終獎金。

理財停看聽

情境一：2006 年 7 月中至 2007 年 7 月中

預估主要指數位置	美國房市有雜音，油價緩漲，FED 停止升息，美元趨貶，原物料趨漲，2006 年上半年發生約一季的小股災，預估進入股市多頭末升段，債券多頭初升段
固定金額	新台幣 30 萬，分給短線（日、週、月、季）、中線（年）、長線（永久）各 10 萬
選擇工具	短線：股票、信用交易與期貨交易（做多與放空） 中線：新興市場相關基金（2006 年 7 ～ 8 月分批買入） 長線：南亞（1303）買 45 元 1 張、中華電（2412）買 55 元 1 張
退場規劃	短線：有獲利即結清，保持 10 萬操作 中線：1. 符合預期：若至 2007 年上半年出現恐慌性買壓即分批退場，若遇漲一倍先取出本金 10 萬 2. 不符合預期：若安全邊際建立不成功，或是走勢出現跌破支撐就先退場保本 長線：漲一倍才賣，若跌則做放空保護，以領股利為目的
結果揭曉	短線：順利倍增為 20 萬 中線：符合預期，順利倍增為 20 萬 長線：南亞（1303）買 45 元、中華電（2412）買 55 元，2007 年時南亞配現金 5 元，中華電配現金 3.58 元，股票 0.1 股，殖利率都超過 10%，若能持續維持，每年可多出 1 萬元的年終獎金

實例應用及解析（二）

情境二，是 2007 年 7 月中到 2008 年 7 月中。經歷了 2007 年上半年的多頭，事實上在 2007 年 7 月中已經處於相當的高檔，最重要的是美國房市持續惡化，油價也一直飆漲，美國聯準會雖然降息但是空間很小，所以它有點明降暗升的味道。

因為聯準會降息所以美元趨貶，原物料則是有上漲的趨勢，接著又發生了次貸風暴，所以 2007 年 7 月中股市產生了去槓桿化的暴跌，政府此時雖然出面來救市，可是只能有短暫拉抬的效果，最終還是演變成一種暴漲暴跌的現象，這時候形成在高檔時利空沒有辦法一次消化，可能接下來會有更大的災難，所以我們預估它進入了股市的空頭期，屬於初期至中期的一個階段，而因為政府降息的趨勢形成，所以這時債市應會有多頭的表現。

面對還是屬於高檔的情況，所以我們並不加碼，仍然維持原來的新台幣 30 萬，分給短線、中線跟長線各 10 萬。這個情境跟上一個情境不同的地方在於中線的選擇，因為整個股市已經在一個高檔，但是債市仍然還有一個空間，加上美國聯準會降息的關係，所以我們就選擇了與全球債券相關的基金，在 2007 年 8 月逢低買入。受到美國降息的影響，對於債券尤其是一些新興市場的債券跟貨幣的升值都是有幫助的。

理財停看聽

情境二：2007 年 7 月中至 2008 年 7 月中

預估主要指數位置	美國房市持續惡化，油價一直飆漲，FED 雖降息但空間小，美元趨貶，原物料趨漲，2007 年 7 月中股市發生去槓桿化暴跌，政府失靈僅能緩跌，利空無法一次出盡，預估進入股市空頭初至中期，債市多頭中升段
固定金額	新台幣 30 萬，分給短線（日、週、月、季）、中線（年）、長線（永久）各 10 萬
選擇工具	短線：股票、信用交易與期貨交易（做多與放空） 中線：全球債券相關基金（2007 年 8 月逢低買入） 長線：先放台幣存款
退場規劃	短線：有獲利即結清，保持 10 萬操作 中線：1. 符合預期：若至 2008 年上半年出現恐慌性買壓即分批退場 　　　2. 不符合預期：若安全邊際建立不成功，或是走勢出現跌破支撐就先退場保本 長線：先放台幣存款，按兵不動
結果揭曉	短線：順利倍增為 20 萬 中線：不符合預期，安全邊際雖建立成功，但美元跌太重，保本出場時為 11 萬 長線：先放台幣存款，故仍保本 10 萬

至於長線，這時候買入也不會有太高的殖利率，所以我們就先放台幣存款。在退場規劃的部分，還是維持跟前一個情境一樣。最後的結果在短線部分因為操作得宜，讓我們靠下跌放空得到一些利潤，使我們的資金從10萬倍增為20萬；至於中線的部分，我們原先預期全球債應該會有好的表現，可是因為美元對台幣跌太多，怕會面臨虧損的情況，所以我們提早保本出場，只小賺了1萬塊，變11萬；最後長線的部分因為還沒有出現一個能量買點，我們還是放台幣存款，保本10萬元。

實例應用及解析（三）

　　第三個情境是在2008年7月中到2009年7月中這段期間。剛開始我們看到美國房市持續惡化，油價暴漲到147塊美元以後就崩盤下來，這也讓聯準會有了一個降息的空間，可是股市去槓桿化暴跌的情況仍然依舊。暴跌加上大幅降息，暗示著一種利空出盡，也就是說從之前的利空一直出脫到現在大概進入了尾聲，所以我們預估股市接近空頭的中期到末期的階段，至於債市因為美國政府降息跟擴大流動性仍然持續，所以多頭仍在繼續。

　　這時候我們把固定金額由30萬增加為40萬，因為股市已經進入了10年來一個最低點的位置，所以我們可以利用這樣一個低檔來多獲取一些股利。把之前短

理財停看聽

情境三：2008 年 7 月中至 2009 年 7 月中

預估主要指數位置	美國房市持續惡化，油價狂漲後崩盤，FED 火速降息，美元暴漲，股市去槓桿化暴跌，利空出盡在望，預估為股市空頭中至末期，債市多頭中升段
固定金額	新台幣 40 萬，分給短線（日、週、月、季）、中線（年）各 10 萬，長線（永久）增為 20 萬（自短線獲利取 10 萬過來，若有剩餘則轉存款）
選擇工具	短線：股票、信用交易與期貨交易（做多與放空） 中線：新興市場相關基金（2008 年 10 月及 2009 年 3 月分批買入） 長線：南亞（1303）買 35 元 2 張、中華電（2412）買 55 元 2 張
退場規劃	短線：有獲利即結清，保持 10 萬操作 中線：1. 符合預期：若至 2009 年上半年出現恐慌性買壓即分批退場，若遇派一倍先取出本金 10 萬 2. 不符合預期：若安全邊際建立不成功，或是走勢出現跌破支撐就先退場保本 長線：漲一倍才賣，若跌則做放空保護，以領股利為目的
結果揭曉	短線：順利倍增為 20 萬 中線：符合預期，順利增為 19 萬 長線：南亞（1303）買 35 元 2 張、中華電（2412）買 55 元 2 張，2009 年南亞配現金 0.8 元，股票 0.03 股，中華電配現金 3.83 元，股票 0.1 股，殖利率接近 10%，若持續維持，每年可多出 2 萬元的年終獎金

線賺的 10 萬移過來長線,讓它增為 20 萬,至於選擇的工具在短線沒有改變,中線我們又回歸到新興市場相關的股票型基金,因為它是屬於低檔震盪期,所以也是分批來進場,在 2008 年 10 月,它觸及 10 年以來最低點價位時我們買進一批,然後在 2009 年 3 月又回到最低價位時我們又再買了一批。至於長線的部分,很幸運可以在 35 元買到南亞,這時由於長線資金較多,所以我們買了兩張,中華電則是在 55 元價位也買兩張。退場的規劃跟之前是一樣的。

最後的結果在短線部分順利倍增為 20 萬,在中線部分因為符合預期——它屬於空頭的末期,之後有大幅的上漲,所以我們低檔買進的基金,增值為 19 萬。至於長線,我們買到 35 元南亞兩張,55 元中華電兩張,在 2009 年的時候南亞配現金股利 0.8 元,股票股利 0.03 股,中華電配現金 3.83 元,股票 0.1 股,殖利率已經接近 10%,如果它能夠持續維持,每年可以多出兩萬元的年終獎金。

▌ 成果檢視

我們來看看以 30 萬的固定金額,經過了 3 年的財富管理後得出的成果到底是如何呢?在短線的部分由 10 萬增長為 30 萬(其實是到 40 萬,只是有拿其中的 10 萬移到長線去,所以這裡只有 30 萬),報酬率為

理財停看聽

30 萬 3 年財富倍增分析
（2006 年 7 月中至 2009 年 7 月中）

資產增值	短線：資金由 10 萬增長為 30 萬（報酬率 200%） 中線：資金由 10 萬增長為 30 萬（報酬率 200%） 　　　合計增長為 60 萬 長線：南亞（1303）買 38.3 元 3 張、中華電（2412）買 55 元 3 張
產生 股利收入	每年預估可領 3 萬，相當於每月領 2500 元
防災 風險控管	短線：有放空保護，不易受攻擊 中線：耐心慎選標的及買點，建立安全邊際， 　　　且走勢不符預期即退場保本 長線：耐心慎選標的及買點，放空保護本金， 　　　且能靠股利還本 就算真的不幸（或幸運）遇到還有更低檔，因為部位只有 30 萬，還預留其他資金可在更低檔買入快速賺倍數，所以能逢凶化吉
結論	經過 3 年穩當操作，資金由 30 萬變成 60 萬，每年還有 3 萬的股利可領，將來若有 10%的殖利率出現，可再買長線股，使每年股利續增為 10 萬以上，讓每月領最低薪資非難事
附註	1. FED 是美國聯邦準備理事會（中央銀行）的縮寫，它掌管升降息的貨幣政策 2. 短線操作的好處是不拘時段，多空皆可獲利，但需要更多的技術學習，以及時間投入 3. 中長線操作較簡便，且可產生自動收入以替代薪資所得，但必須耐心等待能量低檔分批進駐，而且應慎選工具

200%；至於中線的部分，也從 10 萬增長為 30 萬，所以一共由原先的 20 萬投入變成了 60 萬。

至於股利的部分，因為在這 3 年當中總共買進了南亞 3 張，經過成本的平均，我們買在一個相當低的價位——38.3 元，中華電也是買了 3 張平均 55 元，所以如果就股利收入來講，我們每年預估可以領 3 萬元，相當於每個月領 2500 元。**等於說經過 3 年的一個操作，我們可投資的資金由 30 萬增加到 60 萬，然後每年還有 3 萬元的股利收入，算是相當成功的一個投資。**

這樣的成功並不是偶然或僥倖，而是經過風險控管設計的。在短線的部分，因為有放空的保護，所以就不容易受到攻擊；在中線的部分，我們很用心地慎選投資標的，譬如說在 2007 年下半年的時候，就把股票型基金轉到債券型的基金，另外也很有耐心選擇買點，建立一個安全邊際，如果不符合走勢就退場保本，所以我們的資產是在一個安全的軌道上來增值；至於長線方面，我們也是等殖利率能夠達到一個相當好的狀況，等價位能夠跌到很低的水準才來分批買進，並且用放空來保護本金；因為殖利率相當高，所以靠股利就可以來還本。

高檔是指對未來而言，價格受賣壓而難以維持的偏高價位。低檔是指對未來而言，價格獲得支撐的偏低價位。我們較中意那些經過考驗，受盡委曲，達恐慌性賣壓的低檔買入點，若標的體質良好，這種狀態較不致於

又逆轉成為高檔。若遇到 1998 到 1999 年那種科技股不回頭的狂漲，我會建議以短線部位處理科技股，而以長線布局原物料股，因為原物料股籌碼洗得較乾淨，是標準的低檔；科技股以緩代跌，就算會續漲，也難維持 10 年。果然，2000 年以後原物料股稱霸天下，科技股卻向下沉淪，讓當時苦追科技股的人，大嘆失策。

當然，如果我們低檔買入還繼續跌的話，應該很慶幸碰到這樣一個更低檔的出現，因為還預留有充足資金可以買入，所以不怕更嚴重的股災發生，甚至於股災愈嚴重，我們還能夠有更好的獲利，就像球拍得越用力，它彈得越高一樣。

理財停看聽

低檔的類型

★ 絕對低檔：空頭期（資金退燒期）──經過連續二至三年以上大幅反覆壓縮，主要指數跌幅達一半以上，接近指數十年內最低點。

★ 相對低檔：多頭期（資金發燒期）──每年回跌至淡月支撐線。

★ 短線低檔：日、週、月、季，因為買賣力道消長所暫時產生的回跌後支撐線。

經過 3 年的操作，我們的本金由 30 萬增值成了 60 萬，每年還多出了 3 萬的股利可以領，接下來還可以繼續觀察，如果出現高殖利率的某個價位，就可以把資金適度的移往這些長線股票，讓每年領的股利持續增加，甚至增加到 10 萬、20 萬來替代我們現有的薪資所得。至於中、短線的部分，也可以繼續以倍數來擴張。基本

理財停看聽

低檔有錢買，好處超乎想像

★ 低檔的一塊錢相當於高檔的兩塊錢，可快速還本，也可較快彌補之前高檔的虧損，至少應預留 1/3 的資金買在低檔。

★ 想走的走光了，籌碼乾淨了，使得低檔的向下風險較低，較易保本。

★ 低檔漲 50%比高檔漲 10%容易的多。

★ 低檔可買到較多單位數。

★ 低檔起漲，就會形成安全邊際，可掩護後續加碼行動。

★ 投資低檔，讓人安心健康，不會破壞生活品質。

★ 低檔可買到高殖利率，可用較少錢永久領到足夠的年金，且能保本。

★ 又保本又有足夠的年金，就可替代薪資所得，提早退休。

上，我們的投資理財，是可以在一個固定的資金加上很安全的方式來操作獲利，讓我們更早退休，享受一個有尊嚴的退休生活。

須注意的是短線操作的好處是不拘時段，不必一定要等到一個什麼樣的低檔出現，因為它可以做多，也可以放空，且皆能獲利；雖然它很靈活，可是也有失敗的可能性，這就需要時間來練習與學習，才能夠成功。如果沒有時間去學習、做研究及操盤的人，就不建議操作短線，但是就要有耐心一點，等待中線或是長線的低檔出現，並且慎選工具。

投資方法必須依個人情況做調整

短線有短線的做法，長線也有長線的一套。
就怕學藝不精，畫虎不成反類犬，用了不純
熟或不適合自己的工具與方法。

　　或許大家會以為投資是一個客觀的事情，市場漲，
我們就賺錢，市場跌，我們就賠錢，會跟個人主觀因素
有什麼關係嗎？

　　當然有。因為每個人在做決策的時候，都會受到自
己和當時環境因素的影響，以致於做出正確或錯誤的決
定，並導致了投資的結果。這就和開車是由有經驗開得
穩的人或是沒經驗老是出事的人來開是類似的。所以，
操盤的人對最後投資的成敗，具有非常大的關鍵地位，
如果操盤者素質非常好，就算環境不好、整個市場波動
很劇烈，他一樣能獲利，這就是個人的修煉與功力。

　　我們列出幾點來請讀者查看一下自己的情況。

　　第一，你是不是有適合自己的工具、可靠的投資經

驗跟獲利模式？

　　第二，你平常研究的功夫下得深嗎？你能達到對表面的新聞報導說不嗎？

　　第三，你能夠用來操作的時間很充裕嗎？這操作的時間包括判斷、思考的時間。

　　第四，你有可信賴而且有經驗的朋友或是老師嗎？

　　第五，你的資金部位是不是太多了？投資的金額是不是太大了？讓你做決策的時候沒有辦法很理性？或經不起意外虧損？

　　第六，年齡越高必須要越保守，因為年紀大經不起資產的損失。

　　第七，是不是會急需用錢？前面提過，如果急著用錢，卻又發生資產損失的話，會使我們的人生受到很大的打擊。

　　第八是健康問題。如果身體不健康，投資決策的時候可能也不會很清醒，沒辦法確實知道哪一個方向是可靠、能賺錢的；另外，也經不起大幅的虧損，到時候連看醫生、治病的錢都賠掉了，這樣還不如不要投資。

　　第九是個性問題。個性比較衝動的人，可能就要特別提醒自己在高檔的時候不要貿然投入；個性保守的人也要注意，因為在高檔時不太敢出場，結果反而虧得更多。所以，要認清自己個性上的缺陷來加以克服。

　　第十是負債的問題。如果短期負債很高，可以視其

為到期日較短的資金需求，如果拿這樣的資金，去做一個會虧損的投資時，我們就會還不出負債，進而造成自己和家人很大的困擾。

第十一，家人的支持。投資不小心碰到一些意外波動的時候，家人是否能夠忍受？如果不能忍受，就容易追高殺低。

我們可以按照前面這幾個判斷的標準，來看看你是屬於以下哪一種人。

第一種，能夠承受的風險非常低，大概只能夠買債券，或者是低檔買入股票領長期的股利。這樣的人通常都是比較沒時間做研究、沒時間操作、沒有辦法接受一時的波動，還是買債券跟領長期的股利會比較好一點。

如果比較有時間下功夫做研究和操作，且健康狀況跟心態良好，就可以提高中線跟短線投資的比重，也能得到比較快（但未必較高）的報酬；這樣的人包括退休人士、固定上下班的人或是其他工作時間較自由的人。

最後這種人的短線比重可能最高，因為他是專職的投資人，他的工作就是投資。由於研究較多、較深、較廣，短線的操作可以提高他日常所需用的收入。

當然，就同一個人，他可能有的資金能承受的風險較高，有的能承受的風險較低，亦即這筆資金很快就會用到。

　　坊間的投資書籍，有的偏重短線，有的偏重長線，到底孰優孰劣呢？其實就像快拳與慢拳，動產與不動產，各有千秋；短線有短線的做法，長線也有長線的一套。就怕學藝不精，畫虎不成反類犬，用了不純熟或不適合自己的工具與方法。一個成功的投資模式，要以個人的條件和承受風險的能力來做選擇。承受風險能力比較低的人（或是資金），他就應該要選擇波動性及意外性比較低一點的，或者以長期領股利為目標較能成功。

理財停看聽

安全投資的黃金法則

10 個「不要」避免失敗

1. 不要急。以保住本金，耐心等待安全能量低檔出現。

2. 不要聽信媒體與專家的預測，或任何有道理的預測。

3. 不要草率地買入並堅持某投資標的。

4. 不要以為自己能承受得了市場崩盤。

5. 不要一次用盡所有資金。

6. 不要投入對自己而言太大筆的資金。

7. 不要以為自己能完全了解並控制整個市場。

8. 太複雜、不確定、不懂、會騙人的絕對不要碰。

9. 不要負債超過淨收入太多。

10. 不要因為投資理財而危害身心健康與發展。

10 個「要」保持成功

1. 要保本，而且要用固定金額投資。

2. 只找容易答對的題目作答，而且要答對。

3. 要有預備方案，以防不符預期。

4. 要有多元的資產配置。

5. 要專注於低風險、高報酬的能量低檔，定期檢視，分批買入。

6. 收入增加和資產增值同樣重要。

7. 要累積實力和成功經驗。

8. 要用經營者穩紮穩打、建設工程的心態，而不要用消費者的心態。

9. 要有良師益友。

10. 要有深入的基本面知識，注意壓力線、壓力月與支撐線、支撐月。

第四章 上班族生涯理財的危機與轉機

■ 實質所得創新低之後該怎麼辦？
■ 上班族生涯理財的危機
■ 上班族致富密碼 M-I-S-H

「投資者並不需要做對很多事情，重要的是要能
不犯重大的過錯。」

～華倫・巴菲特

日本經濟學家門倉貴史寫了一本探討日本「窮忙族」的書，引起廣泛回響。所謂的「窮忙」指的是儘管終日辛苦忙碌，卻還是揮不去貧窮的陰影。國立中央大學的李誠教授也曾對1980年到2005年間，台灣25歲到64歲勞工的工時和薪資做研究，發現男性時薪占前10％的「富人組」，每周工時近25年來減少了8小時，時薪則增加到接近820元。但男性時薪在最後10％的「窮人組」，每周工時不減反增，時薪才約80元。女性勞工的趨勢也相似（註）。可見在經濟劇烈變遷下，台灣也存在貧富階級分化與窮忙問題。

註：資料來源──李誠（2008），「勞工經濟學與你，基本工資：
　　　愛窮人、害窮人」，載於李誠主編《生活經濟學》第 11 章，
　　　頁 223 ～ 243，天下文化出版社。

實質所得創新低
之後該怎麼辦？

窮忙問題讓人「家不齊，業不立」，不僅關係到這一代的生活，也攸關到下一代的存亡。

　　現代人就像電視廣告上的畫面，肩膀上背著太過沉重的負擔，有老人家也有小孩，還有自己的晚年，有超額的負債、超時的工作、薪水不漲可是工時跟物價拚命漲的貧窮感、太昂貴的房價、污染的環境、會致癌的食物、不信任的人際關係、惡性競爭、失業威脅、金融市場崩盤，甚至是意外的事故跟疾病的打擊，這些重擔一個一個加在我們的肩膀上，或許會感到很無力吧！

　　台灣人工作的時間排名全球第五，可是有許多都是窮忙一族，辛辛苦苦工作後似乎理應有時間和金錢來享福，卻發現不但自由時間少得可憐，而扣除基本開銷之後積蓄根本所剩無幾，因為這些重擔與消耗讓人們「實質所得」與「實質生活品質」屢創新低。超時工作又得不到相對的報酬，再加上高度的壓力，難怪台灣的生育

率只有千分之八‧二九（2009 年），排名全世界倒數第一。

在這樣的情況下，我們要怎麼樣擠出多餘的錢來，又要如何投資理財呢？

媒體上常有人建議說要儲蓄就要想盡辦法省錢，然後將存下來的錢定時定額購買共同基金，就一切都解決了，這真的是最好的辦法嗎？固然我們不必要浪費金錢，可是較貴的東西或服務，可能也代表較耐用、較營養、較愉快、較有效率、較健康等等品質，如果只是一味的省錢，可能會犧牲其他的機會、收入、健康、人際關係以及人生樂趣，不見得就是好事；至於利用定期定額來投資，我們也提過，它並非萬靈丹，可能只是一個問號，而不是一個解藥。如果定時定額能夠遵循我們安全理財的原則與方法當然好，但若非如此，很可能到頭來還是一場空，甚至將我們原先的情況弄得更糟。

古人說：「修身、齊家、治國、平天下」，用現代的語彙，可改為「修身、齊家、立業、平天下」。窮忙問題讓人「家不齊，業不立」，不僅關係到這一代的生活，也攸關到下一代的存亡。

在大環境尚未有效轉好之際，根本解決之道還是要自立自強，懂得如何提高收入及善用市場動能，同時避開各種風險。以下我將做詳細的分析。

上班族生涯理財的危機

貧窮感，加班，好不容易存下來的錢也被騙
走，中年失業、通貨膨脹、金融危機……

上班族到底有哪些理財危機呢？其實這個問題是「冰凍三尺，非一日之寒」，從學校教育開始就已經種下了禍根。因為學校教大家「作夢」，而在社會上，各種廣告或是媒體有意無意所傳達的訊息，則在教我們「花錢」，有誰來教我們賺錢呢？如果能夠賺大錢，可能他自己就先賺了，也不會到處廣告吧。

你是窮忙族嗎？

我們來看看以下這個典型的故事。

因為考試分數達到某個科系的標準，他就這麼栽入名字聽起來還不錯，但不清楚學了有什麼用處，和生涯規劃有什麼關係的科系。反正就花了錢和青春去讀了，也拿到了文憑，可是他學到的只是一些半生不熟、不曉

得怎麼運用的東西。

　　學校只教他當個上班族，於是他找了一個勉強糊口的工作。賺的錢本來就不多了，偏偏在這個五光十色的社會裡到處都是「昂貴的誘惑」，他的錢就這樣東花一些、西花一點，也就沒有剩下多少了。好不容易存下來的錢，累積了十幾年，有一天他看到了一些廣告傳單，以為基金、股票是他想的那麼一回事，又被騙去亂買基金、股票甚至是期貨，其實他從來都沒有學過金融市場的遊戲規則，等到金融股災發生，恍然大悟的時候，手邊真的已經沒有什麼錢了，然後禍不單行，又碰到中年失業、通貨膨脹……災禍好像在不景氣的時候總是會接連一起發生，如果又碰到一個意外或是重病，窮忙了一輩子到老來還是兩手空空，有看過這樣的窮爸爸嗎？

　　人們常常說法律是保護好人，是嗎？事實上法律最保護的是「懂法律」的人；在這個社會裡面，努力的人便有錢嗎？事實上也不是，這個社會不是讓努力的人變有錢，而是讓「懂理財」的人變有錢。有一句話「選擇比努力更重要」，的確是很有道理。

🏛 理財危機面面觀

　　說到上班族面臨的理財危機，首先是通貨膨脹的壓力。通貨膨脹是無形的殺手，會無形之中讓我們變窮，對一般人的財富殺傷力非常大，「什麼都漲，就是薪水

不漲」，這可不只是一句玩笑話。你可以想像，假設有一個人非常努力賺了一萬塊，原先他以為這些錢可以買很多東西，但是因為通貨膨脹，他的一萬塊只能夠買一盒雞蛋，也就是說他的努力就只值一盒雞蛋。**通貨膨脹在經濟學上稱為「通貨膨脹稅」，它會把人們原先努力所獲得的價值一筆勾銷。**我們現在面對的，正是這種威脅，讓辛辛苦苦工作的所得就這麼消失無蹤。於是總覺得什麼都貴，什麼都買不起，又存不到錢來讓錢為自己工作，於是愈忙愈窮，愈窮只好愈忙。

另外一個威脅就是加班，這也是非常嚴重的問題，因為它讓我們連時間和青春也變窮了。

因為正式勞工的成本越來越高，包括基本工資、退休金提撥、額外的福利等，加上自動化的盛行，使得公司不需要也不願意多僱勞工，便造成了失業的問題，但隱藏的壞處更嚴重，就是原有的員工必須常常加班。老闆要你加班，你能夠拒絕嗎？如果不能拒絕，你就會發現工作的分量增加很多，多到沒時間陪家人、教孩子、運動休閒，甚至是學習第二專長以備不時之需。通貨膨脹加上加班，給人們的挫折感和貧窮感就更大，因為青春歲月和辛苦超時工作的報酬，都被通貨膨脹吃掉了。等到年老的時候就……不敢去想了。

再來就是社會跟媒體充斥著各種誤導，有些人為了賺黑心錢，就用一些似是而非的廣告，或媒體置入性

行銷，給人們錯誤的幻想，不切實際的期待，鼓勵他們亂借款、亂投資、亂花錢，這些都會嚴重損害我們的財富，因為我們誤以為真，就把僅有的血汗積蓄投進去，結果發現是一場騙局為時晚矣。社會上充斥著各式各樣的危機跟風險，我們應該要慎思明辨、提高警覺，不要掉到這些美麗的陷阱裡面。

這次的失業率達到 1929 年美國經濟大蕭條以來的高峰，它是偶然的嗎？其實不是，這也是長期累積的結果。大家可以看看周遭，就不難理解，失業危機在未來可能會變成一種常態，找工作不容易，失去工作卻很容易，尤其令人擔憂的是中老年失業的問題。主要是有下列這些原因：

一、現在科技很發達，一切都講求電腦化、自動化，所以需要的人工自然就減少了；另外台灣很多的產業，不是外移到中國大陸，就是交給外勞來做，這樣一方面職缺越來越少，另一方面又有外勞來競爭工作機會。而學校裡大多是教人當上班族，很少教人創業當老闆，於是想當上班族的人多，自然形成勞力過剩。

近來台灣的經濟發展遇到瓶頸，很多的企業競爭力不足，不像當年創造經濟奇蹟一樣，能夠有很高的獲利跟發展性，所以，雇用的人就會減少；而台灣的勞工成本上升，尤其是一些退休的福利，讓很多公司負擔不

起，它寧可要原有的員工拚命加班，甚至大量雇用外勞或派遣人力，也不想多找新的本國正式勞工。

二、一般人經過長時間的專長培養，要他臨時調整所學來跟上社會的需求，事實上是很困難的；譬如說，現在可能很需要水電工，但是一個人原先學的是企管、會計，可能就不願意再花時間去學水電的專長。

三、還有就是現代人越來越長壽，年紀大的人不退休，或是之前的積蓄在錯誤的投資過程中賠掉了不敢退休，就造成其他人要找工作不容易，加上原本退休的人因某些因素必須再出來謀職，僧多粥少，失業率當然居高不下。

四、失業率不斷攀升，社會上就會再形成一股不滿、不安、緊縮跟低迷的氣氛，使得經濟惡性循環；如果通貨膨脹率提高，事實上也會再增加失業率，因為公司為了節省成本，可能會裁員，而一般人因為退休金或薪資不夠花了，也會再找工作或兼職，因此高通膨也會造就高失業。

這些因素都不是短期內可以解決的，所以失業的危機，以及職場上的惡性競爭可能還是會持續；另外也影響到現在有工作的人，工時加長會額外增加負擔跟壓力，待身心俱疲之際若被裁員怎麼辦？這都是當前我們所必須正視的問題。

世界經濟也瘋狂

再從世界經濟跟金融面來看，因為美國、日本等國已維持好長一段低利率，至少從 1981 年以來就一直有降息的趨勢，導致國際熱錢到處流竄，1997 年發生亞洲泡沫，接著就來一個亞洲金融風暴。過了 10 年之後，2007 年又來一個美國房地產泡沫以及金融風暴，這難道是偶然嗎？當然不是，這是由於降息所推動的國際熱錢流竄之惡果。國際熱錢固然促使新興市場高速成長，例如中國大陸以 10％令人咋舌的速度成長，可是也造成了投機盛行、油價高漲、高通貨膨脹率等副作用。

由於利率低，所以很多人就會傾向於借錢，又造成了負債盛行、房地產泡沫。高通膨、高負債，就好像一個人走在懸崖邊一樣的危險，這種脆弱的結構和體質很容易就會發生崩潰，而真正良性的體質也就是消費者的收入、支出以及信心卻一直不振，使得企業的獲利無法提高，失業率易於飆升，而金融業有破產之虞。雖然 2008 年到 2009 年各國政府為了因應這樣空前的災難，把利率降得極低和使用舉債、增加財政支出等方式，暫時緩解了惡性失業與金融破產的危機，但這樣高流動性與高財政赤字，其實是在走鋼索，並不是健康的常態。

可以預見的是，未來經濟成長仍有很大的不確定性，或許只有少數幾個新興市場的大國能夠維持高成

長。美國政府若不能徹底解決問題，還是可能再來一場
股災，因為它的負債還是要還的、高流動性還是要節制
的，油價也可能再度破表。而如果太早收回流動性，則
原來的問題又會重演，所以我們可以說現在真是危機四
伏的時代。

上班族致富密碼 M-I-S-H

懂得掌握MISH這個關鍵密碼，就能夠讓錢來
為自己工作，做金錢的主人，過一個健康、
安心、豐盛又有尊嚴的人生。

通膨與通縮、太熱與太冷，這些金融病症在未來將反覆地發作，我們要有心理準備。在理財上面，就要特別注意風險管理以及保本問題，如果能夠應用之前所提到的「鑽木取火投資術」和各項風險控管技巧，應該就能夠有效避開這些金融危機，同時倍數累積財富。

在這裡提供上班族的致富密碼 M-I-S-H 給大家，讓讀者經過努力有朝一日都能實現財務自由。

◎市場M（Market）

意思就是直接面對市場的商機，要行銷，不要再依賴。我們要瞄準市場、主動滿足消費群，這樣才能擺脫失業的陰影跟困擾，而且會有收入的大幅提升，相對的也才能夠有足夠的資金來理財。若因為工作的關係，無

法接觸銷售，也可考慮和業務員合作，形成合夥關係。

◎投資I（Investment）

其中的v事實上就是代表v型的低檔能量，如果我們能夠逢低買進，並進而累積資產，不管是短線或者是長線，都能夠有很愉快的收穫，而且能讓錢來為我們工作。這樣我們就會有時間和金錢去追求理想的人生，完成自我實現。

◎安全S（Safe）

不管做什麼事情，安全是很重要的。我們要在安全當中求一個財富的增長，先講正確，再講進步，必須保本才能夠有複利的累積，不要只是畫餅充飢，實際上卻做不到，反而更糟糕，把原先的機會都扼殺了。

◎健康H（Health）

財富固然重要，可是健康更重要，這包括了「身、心、靈、群」的和諧與平衡。「如果賺得全世界，卻失去了生命，我們還能夠拿什麼來換生命呢？」，「我們沒有帶什麼來這個世界，世界的東西我們也帶不走。」所以心靈平安、身體健康無可取代；健康的人生是財富的意義與目標所在，萬不可為財富而陷入無謂的要求與比較。理財致富最重要的目的，是讓我們從現在到老年都能健康而有尊嚴地生活，並進而能實現人生理想，不是為財富而財富。

　　有財富使人自由，但要當心切莫讓珍貴的自由與良心被財富綁架了。

　　這也是窮爸爸跟富爸爸的差別。窮爸爸不斷地為錢工作，可是富裕卻總是擦肩而過。然而，富爸爸因為懂得掌握 MISH 這個關鍵密碼，所以能夠讓錢來為自己工

理財停看聽

如何從窮忙族蛻變為富閒族？
注意「資產替代」與「所得替代」！

★ 換腦袋才能換口袋：注意 M-I-S-H 原則。

★ 學習期：拿出年終獎金，參考本書的安心投資原則與方法，耐心等待「籌碼乾淨」的「能量低檔」出現，以「固定金額」分批反覆練習，練到能每一次出手都賺到錢，能得股災之利而不受其害，10 年內遇到大股災才考慮加碼大低檔。

★ 資產替代：勞務、負債性資產和泡沫資產應逐漸替代為低檔能量單位數、低檔股權、銀行存款等生財資產。

★ 所得替代：薪資所得應逐漸替代為股利所得、產品股利、利息所得、租金收入、資產增值等自動收入。

★ 資本累積：用擴大的自動收入買進更多低檔能量單位數以產生更多的自動收入。

作，做金錢的主人，過一個健康、安心、豐盛又有尊嚴的人生。

基本上，若我們的現金收入跟資產增值都能夠安穩地提高，那我們的財富倍增就不是夢想。**尤其是我們常要準備好鑰匙，也就是充裕的現金，再放到鑰匙孔裡，意即能量低檔，就可以開啟財富大門了。**

理想的步驟可先逐步提高自動收入，用自動收入替代現有勞務收入，這樣就會有時間和資金，繼續提高自動收入和資產價值。

一般人面臨的問題是「無財可理」──收入少通膨高，「理了無財」──擠出來的辛苦積蓄老是被騙。所以我們一定要了解，唯有避開危機，包括通膨、失業、金融海嘯、投資失敗以及各種資訊誤導、引誘等等；同時抓住正道，也就是 MISH 的原則，才能夠走出陰霾，達到自由富裕的境界。

第五章

正確的
理財方程式

- 樹根扎得穩，不怕樹尾吹颱風
- 實力＝低負債＋穩資產＋高收入＋保險收入
- 安心讓錢為你工作，做「金錢」的主人

「資產是別人把錢放到你的口袋，負債是你把錢放到別人的口袋。…(略)…不要買其實是負債的資產。」

　　　　　　　　　　　～羅伯特・Ｔ・清崎

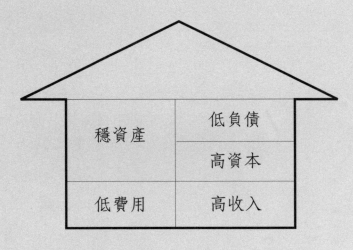

穩資產	低負債
	高資本
低費用	高收入

　　健全的個人財務結構就像一座基礎穩固的城堡，先立於不敗之地，才有成功可言。

樹根扎得穩，
不怕樹尾吹颱風

人總是在震災過後才會檢討建築物的耐震度，既然天災人禍難料，我們唯有認真強化自己的財務體質，才是上策。

就金融體系而言，這是一個最光明的時代，也是一個最黑暗的時代。美國的指標利率（聯邦基金利率）從 1981 年的 19％，遽降到 2010 年的趨近於 0％，就在這 30 年的時間，人類金融史產生了空前的變化。1981 年～ 1990 年 10 年間台股指數從五百多點暴增到一萬兩千多點，美日等先進國家的低利率釋出了大量熱錢，加上不斷攀高的政府負債，就像是「潘朵拉的盒子」所釋放出來的怪物，一方面固然刺激了新興國家經濟的成長與股市的暴漲，另一方面也將我們所處的時代帶向高通膨、高失業，極端 M 型的不確定困境。

自 1990 年代以來，金融自由化與股市大多頭把原先安居在內陸的定存族吸引到海邊，並且把他們灌醉了，似乎一切是這麼美好，然而就在風平浪靜中，意想

不到的金融海嘯來了，不分青紅皂白，一夕之間殘忍地捲走了他們辛苦大半生的積蓄、職位，甚至寶貴的生命。以下是發生在我們身邊的受害案例，或許你也認得這樣的困境。

🔖 五個理財失敗案例

◎失敗案例一

王太太，43 歲，先生車禍過世後，便獨自扶養剛上高中、國中的兩個孩子，收入微薄，節儉度日。因聽信銀行理專的話，趁低利率又高通膨，不如買基金儲備小孩的教育經費，於是在 2007 年景氣最好的時候，將先生的保險理賠金和積蓄 800 萬全拿去買基金，不料遇上金融海嘯，基金大虧 500 萬，現已無法負擔孩子的教育費，且無儲蓄可動用，生活困窘。

◎失敗案例二

張先生，39 歲，之前在股市賺了一百多萬，因而對股市充滿信心並看好 2008 年新政府和京奧行情，遂將自住房屋拿去抵押貸款，湊足 1000 萬，以信用交易融資的方式買股。跌到維持率後，又借信貸 300 萬加碼投入，最後仍不敵大盤狂跌，慘遭斷頭，1300 萬輸到只剩三百多萬，價值 800 萬的房屋被迫法拍，家人無屋可住，夫妻失和離婚。

◎失敗案例三

　　李先生，66 歲，退休人士，看報紙說現在景氣多好多好，基金每年報酬率都在上升等等，就將夫妻共同退休金 1000 萬一部分買基金，一部分買連動債，不料痛失 600 萬，原本優渥的退休生活變調，只好再回去找工作，夫妻倆靠每個月一萬多的薪水清苦度日。屋漏偏逢連夜雨，因為經濟壓力，導致高血壓引發中風而住院，工作沒了，還要用僅剩的 400 萬付手術及復健費 80 萬，以及後續醫藥費，兩人儲蓄驟減，不知該怎麼辦？

◎失敗案例四

　　陳先生，35 歲，科學園區碩士級單身貴族，看到雜誌寫說某人定時定額買基金賺多少，也心動而自 2005 年開始扣款，雖然曾經有過高報酬，但未能及時出場，且大多數的扣款都是在高檔，故還是虧損了 20 ～ 30％。另在 2008 年底的裁員潮中，不幸成為受害者，儲蓄重創加上失業，連付房租都有問題，結婚購屋已遙不可及。

◎失敗案例五

　　張小姐，41 歲，擁有一間收租套房，看到基金似乎又穩又好賺，就拿這間套房去抵押貸款，並借信貸來買投資型保單。之後還嫌不足，再做保單質借，結果幾個月內基金虧損 30％，保險公司要求還款，她還不出

來，保險公司立即賣基金扣抵，不但好好的收租套房就這樣沒了，反倒負債上百萬。

「錢是身外之物」，如果只是金錢損失還好，但商業社會「沒錢萬萬不行」，就怕傷及自己和家人的健康生活與生涯發展的各層面。尤其是嚴重負債，將自有資金燒到只剩尾數，而本金加利息的壓力，不是常人承受得起的。投資虧損通常來得極快，復原卻遙遙無期，辛苦大半生的積蓄成空，人生逆轉直下，一覺醒來由天堂墜至地獄，貴族變成奴隸，其中的悔恨、失落、傷痛、無助，叫人情何以堪！

看到這些案例，或許有人會說，「高報酬，高風險」，這是自作自受。

但問題是，各種媒體的資訊都只叫社會大眾往好的一面看，往歷史看，往樂觀看……好一幅太平盛世的景象，有誰在景氣好時看到這些金融工具醜陋不堪的面目呢？

如果早知今日，有誰會笨到往火坑跳呢？

錯誤與不幸既已鑄成，再多的後悔也無濟於事，反倒是應該研究問題所在，不再重蹈覆轍，並積極尋找出路，讓這些失敗變成「成功之母」。

平心而論，這些案例所犯的錯誤，除了前幾章所提及的，誤將市場價格當成財富，誤以過去判定未來，依

賴「專家」及「預測」，誤信政府護盤，誤信基金可自動保本、自動生財等等，其實還有其他財務體質不健康的問題，以下就來一一破解。

🏹 投資觀念辨正

(1) 拿所有家當去投資金融商品？

除了儲蓄存款或契約明訂無條件本國幣保本之外，大多數的投資性金融商品，包括基金、股票、投資型保單等等，都是不保本的。什麼叫做「不保本」？意思就是，錢給人家玩，你還要付手續費、保管費、買賣價差及管理費，不管發生什麼事，剩多少才還多少。這是對出資人極不利的契約，但理論上，錢完全拿不回來是符合契約的。這種契約只有像樂透或意外險那樣，本金不打算拿回，意外發生時有千倍的回報，不然就是「買低賣高」、「多空並用」來沖銷各種風險，才值得花錢去買它。

請注意，縱使「根據歷史，它有多好；根據專家預測、政府護盤，它不會太差」，只要是「不保本」，就不能把黑的漂成白的，高危險就是高危險。如果景氣意外大蕭條呢？如果美國或是哪個大國發生災難呢？如果換上一個差勁的基金經理人呢？如果金融公司倒閉呢？如果人類發展遭遇瓶頸呢？這些考驗都足以撕下它美麗的面具，現出它的原形。拿所有家當去買「不保本」的金

169

融商品,是一場殘忍的賭博遊戲,奉勸諸君勿試。

正常而言,我們應該有一部分是儲蓄存款(零利率也無妨)以應不時之需,一部分用來提高每月現金收入,一部分用來買保險,一部分用來行善助人,一部分用來投資金融商品。投資的部分一定要堅守本書所提的原則,在低風險下,踏踏實實累積財力。

(2) 任何時候都可以買基金,需要用錢時才賣基金?

不要忘記基金是會亂動、會吃錢的。正確的做法應該是「買低賣高」,「賣高求低」,「累積低價單位數」,「多空並用」,要有相當的錢在存款戶,需要用錢時再到存款戶提款。

(3) 因為「低利率又高通膨」,所以「應買股票型基金」?

不要自欺欺人了!企業對「高通膨」怕得要命,成本上升,消費者消費能力下降,股利折現縮水,股價有何展望?除非是小到沒人注意的「低通膨」,才適合買股票型基金。若是「低利率又高通膨」應及早買黃金或去創業多賺一些錢,離金融市場遠一點才對。

(4) 為了子女教育經費、結婚購屋、自己的退休金,所以「應當買基金」?

這些支出都是有期限的,而要共同基金滿足「任何人」「10 年或 20 年後」都能高獲利出場,這是太過

理想化的假設。一旦 20 年後結果不符預期，怎麼辦？是否生涯發展就此犧牲了？這還不包括這段期間因資金套牢而失去其他的賺錢機會，以及身心所受到的起伏折磨！

　　有期限的支出就必須用穩定可靠的收入或是保險金來預備，這是財務管理學的基本常識。如果想要有子女教育經費、結婚購屋、自己的退休金，主要是應該「提高現金收入」，同時把大筆的現金「保管好」，不要拿「辛苦錢」和「要命錢」去做實驗。當然，若投資資金固定且不太大，到時若運氣好，可補貼一些，若運氣不好，也不致影響太多，這是可接受的。

(5) 借錢買股票或基金？

　　這不是一般人能玩的。一念之差，就會破產，揹上荊棘苦債，即使是投資高手，也必須衡量收入還債能力，嚴控曝險部位。

(6) 放棄固定收入買股票或基金？

　　不智之舉。案例五的張小姐原本靠收租套房有穩定的現金收入，這個是真的報酬，卻拿去換基金的假報酬。原本可以有安穩的生活，若遇到不景氣，還能拿這些收入逢低布局，事半功倍。現在卻都失去了，反倒多了還本息的不定時炸彈，就算大好投資機會降臨，也會不放心投資。由此可見，固定現金收入是生活與富裕的基礎，應該逐漸強化，而不宜殺雞取卵，放棄它來做投

資。若確有可行性，也應衡量收入還債能力，嚴控曝險部位為之。

人總是在震災過後才會檢討建築物的耐震度，既然天災人禍難料，我們唯有認真強化自己的財務體質，才是上策，「樹根扎得穩，不怕樹尾吹颱風」。

理財停看聽

正確的信心應該放哪裡？

錯誤的信心	正確的信心
1. 相信道理——有道理的推論一定正確	1. 相信真理——價格不可能永遠被高估，也不可能永遠被低估
2. 相信專業——官大學問大，股市名人或專業人士說法會成真	2. 相信實力——沒有專家，只有輸家與贏家；輸家賠錢賠機會，贏家保本贏機會
3. 相信經驗——過去用這個方法賺到大錢，就可再度使用	3. 相信本質——是運氣加僥倖還是利用制度與本質，請先弄清楚
4. 相信資訊——充足的資訊可讓人了解狀況	4. 相信方法——資訊會誤導，愈多愈嚴重，方法正確才是贏家
5. 相信自己反應快——股災來時，可以馬上逃走	5. 相信自己反應慢——反應快的人就不會還在看多了

錯誤的信心	正確的信心
6. 相信自己能承受風險──不管它跌多深，跌多久，自己都能承受	6. 是嗎？
7. 相信完美──能完美預測走勢，買在最低，賣在最高	7. 相信不完美──市場充滿意外，只要求保本，並為意外及機會做預備
8. 相信大手筆──本金愈大，獲利愈高	8. 相信分散──時間和類型分散，才能得意外之利，避意外之害
9. 相信金融商品──基金穩賺不賠，先進國家的基金最穩	9. 相信契約──最後承擔風險的人是誰？
10. 相信政府──政府護盤就不會再跌	10. 相信政府有限制──政府有其限制，計畫跟不上變化
11. 相信好題材──有很多好題材，好消息，股市一定漲	11. 相信股災──股災後的低點，進可攻退可守，是穩賺倍數的最佳時機
12. 相信股市──股市會不斷創新高	12. 相信配置──只有不同性質的動態配置組合才會抗跌能漲，締造新高
13. 相信好股票──好股票不會害人破產	13. 相信資金及籌碼──資金及籌碼不支撐，價格變泡沫，再好的股票也會崩

錯誤的信心	正確的信心
14. 相信漲勢——漲勢及支撐會持續	14. 相信逆轉——資金流會逆轉尋求更穩更好的報酬,時候到了一定會跌破支撐,而且會崩盤
15. 相信景氣——經濟景氣好,就不會崩盤	15. 相信市場訊號——股市是先行指標,等到經濟景氣大好,股價已然泡沫化,隨時會崩盤
16. 相信熱錢——跟著熱錢或外資就不會受損	16. 相信冷錢——大難不死,必有後福;買在高點,未戰先敗
17. 相信短期報酬——先漲先贏	17. 相信穩定才有成長——入袋為安,低檔優先,泡沫價格的崩跌速度會比自己的反應速度快,只能用它的天敵來應付它
18. 相信過去表現——過去到現在是如此,未來也會如此	18. 相信內在——看不到的內在正在改變。此一時,彼一時,未來可能大不相同

實力＝低負債＋穩資產＋ 高收入＋保險收入

> 「不恃敵之不來，恃吾有以待之」，有「實力」的人追求「低風險，高報酬」，把生財的資產保管得穩穩當當。

　　「高風險，高報酬」的報酬是假的，這樣的財務體質是脆弱的，經不起風雨考驗。

　　加以謹慎的風險控管後，我們整體的理財必須是「低風險，高報酬，無限機會」，這種報酬才是真的，「抗跌能漲，風雨生信心」，這才是我們要的財務體質。

📖 個人理財會計方程式

　　個人理財會計方程式可以寫成如下這個形式：

資產＝資本＋負債＋（收入－費用）

　　資產包括現金、存款、長（短）期投資、土地房屋、生財工具等。

175

資本（或稱權益）是屬於自己的錢（或再加上別人投資進來的錢）。

　　負債是向別人借來的錢，就算是自己破產、失業或生病也必須終生負責償還本金和利息。

　　收入減費用，即淨收入（或淨現金收入、淨所得），是還債與生存的泉源。

　　這個會計方程式可以幫助我們檢查自己的財務體質是否健康。

(1) 資產

　　首先，資產要穩。並不是說，完全不能投資有風險的金融商品，而是應立足於低風險的支點。例如，按照其風險曝露程度，賦予多元標的合適的比例配置，使得整體資產產生風險掩護，在低風險下，穩健獲利。譬如在波動期，用美元配歐元，做多配放空，都是很好的低風險配置。

(2) 負債

　　負債要低。負債基本上是另一個重大的風險來源，也好像是從外部伸進家裡的一隻手，它或許可以幫助我們，也絕對可以輕易地毀掉我們。因為有負債，我們的資產虛增，曝險金額也增加了，可是「這筆負債的本息是一定要還的」，結果是我們的自有資本曝露於加倍的

穩中求富的安心理財法

176

風險之中，而我們收入的壓力也倍增，還有利息的無謂支出。如果一時或長期無力還款，則又會衍生其他危險，例如每月收入都還不了利息，本金加未償息複利累積，又會生出更多利息，更甭提還本金了。為了這個永遠還不了的債，這輩子只能當奴隸了。

巴菲特認為投資的第一原則是「保本」，第二原則是不要忘記第一原則，至於第三原則是什麼呢？就是「不要負債」。

「借錢要看跟誰借」，跟父母親友借，總比從銀行或地下錢莊借來得安全。如果看過被查封的房子，被追債的人，就能明白「萬不可亂借錢」的真諦。「錯誤的負債使人淪為奴隸乞丐」，一般民眾最好少碰為妙。若真的要借錢，**一定要以「淨收入和負債額的比例」來衡量還債能力**，絕不能只看是否負擔得起利息，另外，也要考慮升息的可能性。

其次，負債的種類及性質也非常重要。短期負債（一年內要清償），幾乎是一筆非常大的臨時費用，流動性風險非常高。景氣低迷期動輒 3 至 4 年，到時資金不足怎麼辦？故 5 年期以上的負債較安全。信用貸款、卡債、或預借現金易借難還，質押負債（如股票信用交易，投資型保單質借）往往雨天收傘，在巨虧時來討債，一旦斷頭，自有資本將只剩尾數。負債是「雪上加霜」，連當藥都不一定適宜，更不能當飯吃。收入不多

的人，奉勸你不要負債，以免到時還不了，連命都賠進去了。

(3) 淨收入

淨收入要高。淨收入是每期收入減每期費用（或說是淨現金收入、淨所得），也就是真正能存留下的錢，是一般人財務健康的基石。儘管投資的部位再荒唐，負債情況有多危險，只要每期淨收入非常高，就可以反敗為勝，重新振作。當然，這是指把淨收入好好存起來還債，而且不再亂投資或亂負債的情況。

個人理財若失敗了，不會有政府和企業來紓困，只好自己和家人含淚苦吞，奉勸諸君寧可去多賺錢也不要輕言負債。

⋔ 投資成功的關鍵在「實力」，而非「分析」

很多人以為投資成功要靠「分析」，所以到處找哪個「分析」比較有道理，哪個「分析師」比較準。然而，在這裡要誠心告訴各位，投資成功的關鍵不是靠「分析」，而是靠「實力」。

俗話說：「低檔有錢可買，高檔有股可賣」，這就是實力。

要知道金融市場的價格漲跌本質上是集體的風險偏好、思想的風潮、血淋淋角力的結果；比的是「勢力」，而不是「道理」。再有道理的「分析」，再準的「分析

師」，這些「人算」永遠比不上「天算」。太多的失敗
案例告訴我們，依賴「人算」的結果通常就是「小賺
大賠」，一場遊戲一場噩夢。與其硬算硬拗，不如做好
「最壞打算」以及「最佳準備」，因時而制宜，見招而拆
招。所謂「預測不如預備」，就是這個意思。

　　《孫子兵法》有云：「古之善戰者，勝於易勝者
也……故善戰者先立於不敗之地，而不失敵之敗也。是
故勝兵先勝而後求戰，敗兵先戰而後求勝。」生死存亡
攸關百年基業，而市場價格是吃人怪獸，想「與虎謀
皮」，請先備妥足夠的「實力」再來。

　　最妙的是，這個「實力」，不看是否有很多資金，
不看是否能一夕暴富，不看是否學歷很高或資訊很多，
也不看是否有高貴的頭銜；而是一個再簡單也不過的問
題：市場這隻怪獸心情轉好發紅包時，你是否能接得
到？心情轉壞大開殺戒時，你是否還能站得穩？

　　既然牠的大名叫「怪獸」，所以什麼時候心情轉好，
什麼時候心情轉壞，不會事先預告。因此，「保持中立
不敗，在領紅包的同時就向牠告別」，這是本書一再闡
明的。

實力＝低負債＋穩資產＋高收入＋保險收入

「不恃敵之不來，恃吾有以待之」，有「實力」的人

追求「低風險，高報酬」，把生財的資產保管得穩穩當當。而且因為低負債，所以不怕被雨天收傘，故無後顧之憂，就能承擔必要的風險。資產保持穩定，即為承擔必要的風險以及逢低布局做好準備。待投資理財步入正軌，事業開展，收入大幅增加，且把費用控制好，使每期淨現金收入拉高，則承擔風險的能力和逢低買進的資金都同步增加。而若參加保險，遇意外事故或需一大筆錢時，不必借錢也能有保險收入。這些都是「立於不敗之地，而不失敵之敗」的成功理財正道。

不需要諸葛亮的神機妙算，不必緊盯新聞，我們只要顧好會計方程式，強化「實力」，就足以打敗意外的金融海嘯。

安心讓錢為你工作，做「金錢」的主人

思考的重點不是在「金額多少」，而是在「型態如何」。

不想上班或不能上班時的退休金要怎麼籌措？

近幾年來，退休金管理一直是個人理財的核心話題。人們希望在年輕時賺夠錢，年老時可以不必辛苦工作，或者單單就是想早一點脫離職場生涯，實現人生理想。為了這個目標，合理的邏輯似乎是應該賺大錢，而且是賺快錢。在這樣的思考邏輯下，富戲劇性的股票市場自然成了矚目的焦點。

然而，股票市場也是最具欺騙性、複雜與不確定性的市場之一，「螳螂捕蟬，黃雀在後」，虛幻又暫時的高報酬，充其量只是像抽獎一樣的誘餌，其實只有少數人能賺到，「你貪它的利，它挖你的本」，那些急著想在股市中快速致富的人們，有多少是滿載而歸呢？還是只滿足了一時幻想的快感，事實上卻是轉眼成空，欲速則不

達？

金融海嘯的悲劇敲響了警鐘。你要做「螳螂」，還是「黃雀」？

「人兩腳錢四腳」，我們追錢追得那麼辛苦，目標何在？無非是希望後半輩子不再煩惱錢，甚至反過來讓錢為我們工作，讓錢來追我們，做「金錢的主人」。

聰明的人在這裡可以思考：如果想輕鬆退休，追求大錢與快錢可能不如擁有「安心保本的自動生財工具」，即所謂「退休金條件」。退休金管理可以不大不快，但必須是穩固成長、活水長流。本國幣存款符合這個條

理財停看聽

為何退休金不能太信賴基金？

★ 退休時可能馬上要用一筆錢，但基金或許還在虧損狀態。
★ 退休時需要穩定的自動收入，但基金要保住本利就要主動冒險去買低賣高，這對退休族而言太辛苦了。
★ 高收益債或新興市場債基金，利率高卻無法保本，無法抵抗不景氣。
★ 歐美日公債基金較抗不景氣，但可能有匯率損失問題，利率也低。

件，但基金、股票需要更多技術與風險管理，想想看，正因為它「不保本」，而且「愛亂動」，所以才需要這麼多的投資書報及資訊。

重點是一定要避開欺騙、複雜與不確定性。

任何形式的欺騙造成錯誤期待，往往是重傷害。複雜是指組成因子太多，而難以控制。不確定性是隨著時間可能向上也可能向下的無規律拉鋸戰。複雜與不確定都是退休金管理的大忌。企圖用「過去的經驗」或是「好的一面」來掩飾複雜與不確定就是一種欺騙。前面提過，退休金是為了應付定期的開支，所以從累積期到提領期都不宜沾染複雜與不確定性。試想若累積期內退休金被金融風暴吹走大半，則勢必要延後退休，而若在提領期遇見金融風暴，下場更是悲慘（如果同時遭遇家庭變故更不用說了）。

正確的退休金管理方向

本國幣存款有國家保險保本，又按照不縮水的本金產生利息收益，是最輕鬆安穩的退休金管理工具。其他如公務員月退俸，勞保及國民年金也都符合條件。

也許有人會嫌這些工具報酬率不夠高。如果不增加風險值，這個缺點還是可以用提高個人多元自動收入的方式來補足。在金融市場浮沉的生涯未必適合每個人，但你可以參考別人創業的成功經驗，摸索出適合自己的

生財之道。原則上，只要絕大部分的資產都安穩不出事，退休金管理的方向就是正確的。

　　平心而論，退休金的性質較像保險金，即人們希望在意外或是意料中沒有工作時還能有一筆或多筆現金流入，最好是由政府出面，讓我們在未退休時去保障已退休者的生活，等我們退休後，就由未退休者來保障我們。這是一種社會保險的觀念。

　　有些保險公司提供「假設累積期年報酬率多少」，退休金提領期每個月就能領多少的退休年金險。提醒你注意它是否保本保息，而不要被它的「假設」給騙了。如果它的退休年金理賠來源是「未退休者的保費」則較可靠，而若是和共同基金連動就要小心了。保險公司的保障計畫理論上利率應會較高，應多比較保單條款再做判斷。

退休金要準備多少才夠？

　　除非沒有通貨膨脹，沒有金融風暴，否則再多也是不夠的。

　　我想，思考的重點不是在「金額多少」，而是在「型態如何」。重點應放在退休金計畫是否能保本，以及是否能有效替代所得，且自動收入是否能隨通膨上升而上升。

　　在某些單純領股利的情況下，股票相當符合這個退

休金條件，譬如說，低價買進穩定發放高現金股利的股票，如果 10 年內靠現金股利回本，10 年以後的現金股利就是自動生財的部分，若再加上放空組合保護本金則更為理想。

若公司經營正常，發的股利也很穩定，甚至可隨通膨上升而上升，如一些績優股，我們就可以去試算「所得替代」，用股利所得替代薪資所得，例如：一年想要有 50 萬的股利收入（相當於月入四萬多）該怎麼做？

把年度配息除以購入成本價，即為殖利率。若買在殖利率 10%的價位，一年想要有 50 萬的股利收入，就要投資 500 萬。當然，這 500 萬可能是用 250 萬的本金加上一倍的投資報酬而得的。若一時沒有這麼多本金，也可用「逐步替代」的方式，例如先投資 50 萬，每年收 5 萬，再用這 55 萬逢低買入……以此類推。即使本金少，也不要小看股利收入，保持關心與細水長流，終能替代所得成功，成為富閒一族。

至於股票型共同基金，想要它像定存一樣做年金，則**目標要放在用極低的價格買到基金極多的「低價單位數」，等到漲一倍就把本金取出來，讓利潤去冒險。**例如持續買低賣高，追求低價累積某新興市場基金，若經過成本攤平後，成本價為 12 元，等漲到 24 元，就把本金 12 元取出來，那麼再跌也傷不到本金，再用利潤部分（12 元）以相同手法，逢低大量累積低價單位數，只要

理財停看聽

如何在退休後還能有穩定的月收入？

★ 銀行存款（本國幣與外幣）。

★ 社會退休年金保險。

★ 租金收入（土地、房屋、設備……）。

★ 創業而來的企業收入。

★ 領績優股票的股利。

★ 用「定額資金」反覆操作全球主題（或新興市場、產業）基金，趁股災大量累積基金的低檔能量單位數。

★ 定額低檔買入殖利率 10%以上的債券型配息基金（基金成立 30 年以上，經歷多空還能保本，配息穩定為佳）。

★ 定額資金反覆短線操作金融商品（股票、信用交易、期貨與選擇權）。

★ 其他：專利權利金、著作權利金、產品股利、多層次傳銷、網路廣告收入……等。

成本價夠低，單位數夠多，就可以像領股利一樣安心做年金提領。當然，這最好是在股災後來做，最快半年內就可完工，也必須慎選標的。

另外，若可容許本金一時虧損，領績優高收益債券基金的配息，也可能買得到 10％的殖利率。

第六章

財務健康
自我檢查表

- 財務層面
- 知識與心態層面
- 身心層面
- 理財高危險群的心理特徵

「好比一個聰明人，把房子蓋在磐石上；雨淋、水沖、風吹，撞著那房子，房子總不倒塌，因為根基立在磐石上。……(略)……好比一個無知的人，把房子蓋在沙土上；雨淋、水沖、風吹，撞著那房子，房子就倒塌了，並且倒塌得很大。」

～聖經馬太福音7：24-2

大部分投資理財的問題是出在內在，而非外在。我們現在就來審視財務健康自我檢查表的內容，幫助讀者做好內在建設。

　　還記得我們的核心問題是：「如何在充滿誘惑與意外的金融市場上保住本金，並且持續以複利模式累積財富，達到所得替代與資產替代的目標，以實現人生理想」，這是要時常提醒自己的。據此，我們先將檢查表分成三大區塊，一個是財務層面，就是資產、負債、收入、支出等等；另一個是知識與心態層面，就是我們對於投資的觀念、對於市場標的的了解，還有方法的掌控等等；第三個是身心層面，因為投資牽扯到財務，財務又會影響到生活……不同的年齡層，對財務的需求不一樣，所以我們在做理財或投資的時候，也要把身體、年齡跟心理等因素考慮在裡面。

財務層面

包括資產、負債、收入及支出的規劃。

⾦ 資產

財務層面第一個要考慮的就是資產。前面提過我們
應該要把資產分成幾個重要的部分，第一是存款，第二
是保險；存款跟保險是用來應付一些經常性或是意外的
資金需求，至於暫時用不到的第三部分，就可以用來投
資，包括金融性的跟實體性的。金融性的投資又可以分
成短線、中線、長線等等（見圖五）。

就一個財務健康的人而言，存款應該要足夠支應經
常性及非經常性的日常生活所需；保險的目的主要是用
來應付意外的需求，包括疾病住院或者是車禍受傷、失
業等等；至於說存款跟保險占的比例要多少，事實上並
沒有一個絕對的數字，可能要按照個人的狀況再重新評
估一番。

191

金融性的投資應該是用固定的金額，這樣才能控制住最壞的損失。例如可訂為月收入的 10 倍，若賠 10%，就當成做一個月的義工，若賺 10%，則是賺一個月的年終獎金。如果是短線操作，可能會有一些因看錯而導致的意外損失，所以金額部位不能投資太大，一般來講，為總投資本金的 1/3 以內，這種短線的資金也可以作為低檔初進場或是高檔出場測試的資金。

圖五　資產結構圖			
資產	存款	本國幣	
		外幣	
	保險	壽險	疾病、意外
			儲蓄、投資、失業、退休、照護
			死亡
		產險	動產
			不動產
	浮動金融資產（股票、債券、基金、衍生性商品……）	短線：隨時可結清	
		中線：一年內結清	
		長線：數年至永久	
	實體資產	不動產	
		黃金、貴金屬、石油……等商品	
		其他契約或法律上的權利	

順便一提，投資的資金，千萬不要超過個人能力所能負擔的，就如前面所言「對大筆資金的詛咒」，如果貿然投入對自己而言太大筆的資金，往往失敗的機率是非常高的。另外要常常檢查自己投資的部位是不是買太貴了，或價位已太高了，如果發現市場不正常的崩跌甚至崩壞，這時候就應該要採取保本的策略，不管將來會不會再漲，先把資金撤回來，保持安全再說。

負債

我們希望負債務必是健康、安全的，最好的方法是跟父母親、兄弟姐妹、親朋好友借錢，第二順位才是銀行。負債要考慮的第二點是我們是不是有足夠的收入來償還債務。有些人只看資產跟負債的比例，這是不對的，因為資產事實上是會縮水的，所以應該是以收入對負債的比例來評估才對。如 2008 年金融海嘯發生的原因，就是因為很多銀行的資產大幅縮水，沒有辦法償還負債，導致破產。

另外，借到的錢其用途也要考慮清楚。如果你拿來運用的地方是風險非常高的、容易一下子消耗掉，或是自己無法掌握的波動情況，這樣是非常危險的，很有可能導致資產縮水而還不出貸款，下場會非常淒慘。

再來是負債期間的問題，如果是長期負債，20 年或 30 年，代表說我們可以有充足的時間來賺錢還錢，

如果是只有 1 年到 3 年的短期負債,事實上是比較危險的,因為你可能在幾個月內就把借來的錢燒光了,可是卻沒有辦法在 3 年內把欠款還清,因此,長期的負債應該是較為理想的。

最後才是利率的考量。很多人借錢,第一個想到的就是利率,以為利率低就可以借錢;殊不知利率雖是負債的成本,可是關係到我們會不會因為負債而破產的,卻不只有利率,往往還取決於跟誰借、本利和相對於收入的比率,還有借的錢是屬於短期還是長期。利率當然是越低越好,不過我們還要考慮這種利率是單利還是複利,像現在信用卡都是複利,它的累積利息可能一下子就會達到跟本金一樣多,所以卡債、卡奴問題層出不窮。還有一定要考慮升息的問題,升息以後的利息自己還能負擔嗎?

🔭 收入

收入是個人理財最關鍵的角色,假設什麼都沒有,但是收入很高,基本上還能夠維持穩定的生活與投資的能量;相反的,如果收入很低,就算資產很高也很危險,因為容易坐吃山空,而且資產要是運用不當,可能會被騙走或輸掉一大筆錢,如果再加上負債更糟糕,很多的悲劇就因此發生了。

所以,一定要想辦法提高收入,而且最好是比較穩

定，甚至是自動的高收入，這樣才是比較穩健的財務結構。

支出

高收入還必須配合支出控制才能有充裕的儲蓄。支出包括了經常性與非經常性的，還有一些意外、非必需的，比如車禍事故、疾病住院等，或者是負債到期、家人跟朋友緊急調錢。我們在規劃財務時，不能夠只想到最好的情況，或最低的支出，這樣往往會發生錢不夠用的情形。

支出以適當為宜，那麼到底儲蓄率應該多少才理想呢？

這個問題可以很複雜，也可以很簡單。我在這裡提供一個思考觀點：假設每年花 1 元就存 1 元（也就是儲蓄率 50%），到第 10 年，就有 10 元的財富，而若每年投資報酬率為 10%，則第 11 年開始，每年不必工作就可以有 1 元的收入以供生活所需。儲蓄率愈高，或是提高累積期的報酬率，就可愈早退休。

知識與心態層面

注意三大原則及投資的經驗等等。

　　理財的知識層面首先要考慮的，當然是我們之前提過的三大原則：市場中立原則、到期日區分原則以及多元策略原則；再來就是投資的經驗最好能夠有 7 年以上，經歷一個完整的多空景氣循環，如果是在 7 年以內，基本上都還算是學習階段，有可能對市場的理解有所偏頗，不應該貿然投入太大筆的資金；接下來就是平時是否有足夠的基本面研究，這裡指的並不是看一看媒體、專家的建議或是聽一聽有道理的說法，而是非常徹底的了解。

　　例如要投資一個國家，就必須先了解它的經濟成長率如何、內債以及外債高不高、目前國民年平均所得是多少以及相關政治情勢，就像是要去當地投資工廠所做的評估案一樣。要了解到這個國家目前的市場跟房地產

價格是屬於比較低估的，可以逢低買進等等這樣透徹，才可以來投資，而不是聽廣告說現在可以買，就跟著買，結果往往都會買在高點，很難真正賺到大錢。

然後是投資的觀念跟心態問題，之前已經講過很多正確的觀念，在這章的最後一節，我們也會提到一些危險的觀念跟心態，雖然它們並不會馬上讓我們虧損，但萬一發生意外，可能就會導致非常嚴重的後果。

投資千萬不要隨著媒體起舞，任何隻字片語都可能產生誤導，如它講元月行情，我們就在元月進場，可是事實上，很多時候元月是大跌的，接著連二月也跌，那就會使我們還沒有賺到錢就有很嚴重的虧損。

此外，不要忘記，投資是要融入生活、身體力行的。不要老是臨淵羨魚，而是要熟練一套適合自己的工具和獲利模式，一步一腳印，邁向理財目標。

身心層面

注意年齡及個性問題。

　　不同的年齡對資金、財務的需求是不同的；年輕人錢賠掉了還可以再賺，甚至越賺越多，所以年輕的時候，就應該要學習投資，記取教訓，等到慢慢年長、收入提高，慎思過去的教訓就可以反敗為勝。

　　可是，如果年紀已經超過 40 歲，那可就沒有太多的機會可以嘗試，一方面是家庭之累，另一方面，如果中年失業，要再找工作是很困難的；還有就是 40 歲後常常健康亮紅燈，因此在理財方面就要按照我們之前講的更加保守，不容許犯大的錯誤，最多再依個人的情況加以修正。

　　個性比較容易衝動的人要千萬小心，不要一時心急手癢買在高點，或者賣在低點，自己知道有這種毛病，就要時時提醒自己注意。

理財停看聽

財務健康自我檢查表

核心問題是：「如何在充滿誘惑與意外的金融市場上保住本金，並且持續以複利模式累積財富，達到所得替代與資產替代的目標，以實現人生理想。」

財務層面

★ 存款、保險、金融投資與實體投資的配置比例是否適當？是□ 否□

★ 短、中、長線投資的配置比例是否適當？
　　是□ 否□

★ 投資的資金對自己而言是否太多？
　　是□ 否□

★ 投資的標的是否買太貴、泡沫化？
　　是□ 否□

★ 跟誰借錢？是否會抽銀根？暴力討債？
　　是□ 否□

★ 是不是有足夠的收入來償還負債？
　　是□ 否□

★ 借錢的用途是否容易消耗掉？風險非常高或是自己無法掌握、無法控制的狀況？是□ 否□

★ 負債到期日是否超過 5 年？是□ 否□

★ 利率是否夠低？（會升到多高？是單利還是複利？）是□ 否□

★ 收入是否高而穩定？是□ 否□
★ 經常性支出、意外及非經常性支出如何？能否有效控制及預備？是□ 否□

知識與心態層面

★ 市場中立原則、到期日區分原則，以及多元策略原則是否落實？是□ 否□
★ 投資的經驗是否有 7 年以上？已經歷一個完整的多空景氣循環？是□ 否□
★ 平時是否有足夠的基本面研究？是□ 否□
★ 對理財是否有危險的觀念跟心態？是□ 否□
★ 投資是否隨著媒體起舞？是□ 否□
★ 是否已熟練一套適合自己的工具和獲利模式？是□ 否□

身心層面

★ 年紀超過 40 歲，做法是否轉保守？是□ 否□
★ 個性比較容易衝動？易過度樂觀？是□ 否□

理財高危險群的心理特徵

股市的漲跌是否代表你的心情起伏與生活步調？看看自己是不是已陷入理財的高危險群裡而不自知。

最後，讀完本書所介紹的原則和方法後，讀者可以來檢視一下自己是否有理財高危險群的心理特徵。當然，高危險的意思是不安穩、不耐震、沒保障，但不一定馬上就會出事，如果只符合某幾項，問題不大，若符合很多項，建議你再回顧本書的內容，了解如何安心踏實理財。

理財高危險群的心理特徵：

1. 看到股市上漲就心安，股市下跌就不安。
2. 股市永遠是對的，要順勢而為。
3. 股市永遠是錯的，要逆勢操作。
4. 漲多的就會漲更多。
5. 股市大漲表示盤勢很穩。

6. 每年都要達到預設的金融投資報酬率。

7. 一定要等它漲到幾個月才賣。

8. 沒賣在最高點真後悔。

9. 意外虧損了，要急著再進場賺回來。

10. 要珍惜多頭，所以要等到它真的要跌了才賣基金。

11. 任何時期都可做投資，大漲小漲都不能錯過。

12. 新聞會告訴我現在發生了什麼事，所以要看新聞才能成功投資。

13. 媒體裡的專家及名人有學問、有專業、有權威、消息靈通、講得又有道理，所以要重視他們的看法與預測。

14. 金融市場漲跌都是跟著道理走的。

15. 新聞報好消息，投資就安全；新聞報壞消息，投資就危險。

16. 錢存銀行沒什麼利息，應該全部改買基金。

17. 買熱門、得獎、規模大、高績效的基金準沒錯。

18. 基金過去最多跌 30%，未來一定也是。

19. 全球型和債券型的基金大可放心不會賠很多。

20. 不問時機，大手筆一次購足基金才會賺得更多。

21. 基金會漲，現金不會漲，所以現金保本不重要，抱緊基金不賣才會有複利累積的效果。

22. 沒有充足收入做債務還款準備沒關係，只要利

率低，能借多少就借多少。

23. 買了股票或基金後，一買就跌，自己一定是買錯了。

24. 買了股票或基金後，一買就漲，自己一定是買對了。

25. 共同基金是增值可靠的財富，是高報酬的儲蓄，利率低時還可以借錢買基金。

26. 高風險才會有高報酬，買股票型基金一定比債券型賺得多。

27. 基金就算這 2 年漲不回來，20 年以後一定會回來，我這 20 年用不到這筆錢。

28. 基金跌了不用怕，反正也跌不多，它的風險我一定能承受。

29. 報酬率高、漲得快的就一定是值得投資的標的。

30. 追漲才賺得穩、賺得多。

31. 無法判斷今年是否轉強或轉衰。

32. 共同基金會穩定增長，只要買，不需賣。

33. 我有付手續費和管理費，我是客戶、消費者，所以基金公司應讓我無憂無慮，穩賺退休金、旅遊金、房子、子女教育金等等。

34. 看專家的建議何者有道理再來決定投資。

35. 金融市場資訊很充足，分析師會主動提供建議，而政府會護盤，所以沒有風險。

36. 不知如何靠配置做防備，只能憑專家預測和建議來進出。

37. 只要有利多題材，股價就會漲。

38. 政府和股市名人喊漲，股價就會漲。

39. 因為政府和基金經理人會拉抬，指數會創新高，因此基金跌一下沒關係。

40. 看到報導某人因為相信預測，或對基金信心十足，所以賺了大錢，我會心動，然後開始擁抱基金。

41. 後悔之前沒能勇敢買入，所以少賺了。

42. 共同基金的報酬和風險看過去 3 年就可知道。

43. 虧損了，若退場就會使損失成真，也不知何時可再進場，所以虧損了也不該賣。

44. 股價或指數漲這麼多，表示景氣看好，我要趕快進場。

45. 基金報酬率達百分之百，真是好基金，要趕快去買。

46. 打鐵趁熱，買股趁政府炒作。

47. 今年錯過這個大行情，可能要再過好幾年才會再有。

48. 景氣好，股價不會馬上崩盤。

49. 投資績效是看基金的報酬率，而不看它是否處在安全低位。

50. 買到漲一倍的股票或基金捨不得賣。

51. 為了省手續費和轉換費，不願買賣或轉換。

52. 投資就要做功課，所以要常看財經新聞和雜誌
來做投資。

53. 用消費者的心態做投資。

54. 對價格泡沫無警覺性和危機意識。

55. 因為房貸是以房屋做擔保，最壞情況就是房屋
被法拍，債務人沒有本金損失。

56. 基金每年都會漲 10% 以上。

57. 大型金融機構的金融商品一定可以放心。

第七章

投資理財Q&A

「投資很簡單，但不容易。」

～華倫・巴菲特

Q1 賭博和投資有什麼不同？

不是「講得很有道理」，或是用了很多專業的數據和術語就叫做投資，事實上投資跟賭博的不同是在於心態跟做法，而不是學問。用高深理論去買樂透，還是賭博。什麼是賭博？最主要是對它最後的結果我們沒有一個規劃，只是聽天由命，或許我們賺到了幻想可是卻賠掉了實質的金錢，賭輸了還想要翻本繼續賭，結果還沒有賺回之前虧損的，就已經輸光所有的錢，「十賭九輸」就是這個意思。很多人就是用這種心態來投資，也算賭博。

真正的投資是經由一個完整知識的掌握，擬訂一個保本的計畫，知道自己在賺什麼錢，而且善用機會，嚴防意外，逐步而且穩健的擴充財富跟資產。它有一個風險管理的預備方案，所以，一個做投資的人一樣會面對不確定，可是遇到任何意外他都有辦法逢凶化吉，不是聽天由命。

Q2 新資訊對我們投資獲利有影響嗎？

理財就跟下棋一樣，有時候敵人會故意來一個假動作引誘我們，如果我們因此而見風轉舵，可能就會被騙，變成了失敗的結果，所以在理財方面應該一開始就

要有一個規劃或策略布局，這種規劃跟策略布局是建立在長期不變的知識基礎上，而不是因為一些新的資訊就改弦易轍。

知識會創造新聞，我們也可從過去的新聞逐漸累積知識，但這樣子的知識是不太會隨著一個月、兩個月的新消息就改變的東西；**我們以為的新聞，其實對市場來講是舊聞**，而我們以為是舊聞但它如果是屬於知識方面的，反而會繼續創造出新的新聞，所以重點在於知識，而不是資訊。

有時候我們看到利多的新聞，它反而是一個多頭的末升段，接下來股市價格可能就要回頭了，這時我們要冷靜出場，而不是聽到 ×× 行情、×× 利多、有人喊買，就像「尋找紅布的牛」一樣一頭撞過去，這樣是非常危險的。有時候，利空的消息傳出，但我們知道這個投資標的的體質、未來展望其實是非常好的，這時就要趁利空逐步進場養它，守住這些冷門的股票跟基金，在熱錢來的時候才能夠賺取倍數的財富。

(Q3) 媒體裡的專家常常說得天花亂墜，真相到底為何？

我們經常在新聞、財經的媒體上看到某某專家講得頭頭是道、振振有辭，他們可能擁有高尚的職位，熟悉財金專門術語，圖表和數據看起來無懈可擊，似乎真的

是那麼一回事。固然他們有其口才和專業，可是我們就要小心明辨了；這可能只是他們個人的想像與推測，這些資訊不一定是對我們的投資有幫助的，尤其若摻有廣告行銷的動機，更不見得有好處。

所以最好的方式是尋求比較客觀、中立的專業人士，比如說學者，多比較一下各方的看法，然後自己有一些對金融市場本質的了解，這樣就能夠避開一些陷阱。

另外一種容易讓我們掉到陷阱裡的，就是某個基金的報酬率可能已經漲了一、兩倍甚至三倍，這時專家可能會說因為某某原因所以讓這個基金報酬那麼好，代表了一種趨勢，鼓勵大家繼續投入買進。但太多例子證明，這個基金已經漲了兩、三倍，往往接下來就會大幅的回檔，再進場可能賺不到錢而且還會經歷虧損的痛苦，我們可以等它跌回來壓縮了以後，再趁能量的低檔來買入，才是比較好的做法。

Q4　容易投資失敗的高危險群有哪些？

我們主要是探討什麼樣的心態跟做法比較容易失敗。首先，是花錢就是大爺的消費者心態；因為市場是殘忍的，當我們失去了警覺心，可能一下子就會虧損很多，要再恢復非常困難。另外，就是依賴性，太一廂情願，老是想說別人會護盤，這樣很危險。

再來是不珍惜本金的人。本金對我們而言就好像門票一樣，如果動輒就想要賭大的，不加珍惜，一下子燒光了，只得被淘汰出局。縱使來了一個千載難逢的機會，我們也沒有辦法把握了。最後我們要善加選擇適合自己的投資工具跟投資方法，假使因工作關係要常常開會、出國，或是碰到一些緊急事件必須隨傳隨到，無法經常看盤，那我們就要選擇波動性和意外性比較低的金融工具了。

Q5 投資功課該怎麼做？

很多人以為投資要做功課就是像蜜蜂一樣，聽一下這家的看法，再綜合一下那家的說詞，看來看去都是窩在媒體裡，到後來可能會產生一種情況，就是樂觀有樂觀的看法，悲觀有悲觀的道理，接著再受到一些心理、人性的弱點影響，在景氣好的時候，自然會去認同那些比較樂觀的論點，缺乏防備，結果也跟著失敗賠錢了。

功課不是這樣做的。我們應該把這本書的內容好好的讀通，來了解金融市場的本質，了解哪一些標的其實在未來有非常大的一個成長空間，但是現在還處於低檔整理的情況，就像過去幾十年來，拉丁美洲一直被低估，可是後來卻一飛沖天。

另外，也要去了解一些基本面，知道哪一些國家、哪一些產業、哪一些標的的未來有發展潛力的，趁它被

市場忽視、看衰的時候，逢低進場，以賺取動能為目標，而不只是買基金，這樣才是正確的投資功課做法。其實投資和新聞沒什麼關係，獲取知識就好，如果想當成建議，那就會很失望了。

Q6 該如何準備退休金和子女教育金？

首先，要安穩且健康地提高收入和投資利得，這也是我們講的 M-I-S-H 原則。如果沒有時間做投資，也可以找真正懂得投資的人來幫你，譬如你可以在低檔的時候買進台塑的股票，就好像是找王永慶來幫你投資一樣。

成功投資的人會經過三個時期。第一個是「學習期」，大概需要 7 年的時間，學習怎麼樣才不會賠錢；等到學會不賠錢，能夠穩當地賺到錢的時候，就進入「累積期」，開始用自製的倍數複利模式來累積財富；最後才進入「提領期」，自動收入，「吃息不吃本」，也就是退休的時期，當然這個時間對應到人們的年齡是因人而異，假設比較早就接觸投資理財的人，可能學習期、累積期跟提領期都可以提早。這個模式也可用在子女教育金的籌措。

因此要學投資應該要趁早，若等到有錢才學，可能就會付出太大筆的學費。

要能夠退休，最重要的就是必須替代之前的所得，

可以用累積基金低價單位數的方式，領股利的方式，或
是投資一些高收益債券基金的方式等等。要讓財富倍
增，複利累積，首要還是保本，這是非常、非常重要的
一個觀念，如果不保本，其他一切都免談。保本就好像
是數字最前面的 1，雖然後面一直加 0，但是 1 不見了，
最後它還是 0。

Q7　如何避開金融市場崩盤所造成的損失？

　　金融市場的崩盤尤其是一些意外的崩盤，速度是
非常快的，可能一週就崩掉 10％以上，在 2008 年就看
到類似的狀況。所以在崩盤前，我們就要做好準備；通
常在一個創新高的月份時，就應該於新高點撤出至少
60％的資金，因為我們不曉得這種創新高是會繼續漲還
是往下掉，但可以確定的是，「創新高」至少是中檔以
上，如果此時出場，至少不會賣在低點，剩下 40％再
看情況續留或逐步撤出，假如情勢果真逆轉，那我們就
在一個月內撤退完畢，就可以順利避開金融市場崩盤所
造成的損失。

Q8　如何買到最低點，賣在最高點？

　　買低賣高，是投資者最大的心願，可是整個市場的
變化太快太複雜，尤其在一個高檔的時候大家都想先下
手為強，你以為的中段，可能一下子就變成最高點，所

以我們最好是先把一個月的價格波動想成有中、高、低三種情況，如果我們在中段能夠賣出 60％以上，接下來若再上漲到最高，我們就繼續賣，假使跌下來我們還是賣，這樣就可以保證我們能夠賣在最高點，至少有一部分是。

買低也是一樣，當市場發生恐慌性的下殺，已經讓股市非常委屈的時候，可先買入 10％，然後若符合預期再 30％、30％分段買入，這樣我們就可以有資金買在最低，同時是一個非常完美的配置。

Q9 不幸因崩盤造成虧損怎麼辦？

依我們前面所講的撤退方式，就算跌也是小賠 10％以內；小賠時就應先出場，不要等大賠時才恐慌殺出。資金賠 10％以內，其實只要再用部分資金，利用未來跌深反彈的能量就一定能夠賺回來。但如果是因為不小心或者粗心大意讓它一直跌了 2、3 個月，可能資金已經虧損了 30 ～ 40％，這時我的建議是要視這筆資金會不會有急用和市場環境而定，倘若會有急用，還是要撤出來以避免它繼續跌下去。最好是以專案處理，算好虧多少，等情況明朗，再用固定金額分批低接的方式穩穩賺回來（請參考本書第三章表六）。要冷靜，切勿病急亂投醫，或是驚慌失措。

我們前面已經講過，基金到底會跌多少不是我們能

夠理解的，它可能取決於政府的態度、之前的景氣、市場是不是高估的太嚴重等，所以我們對繼續下跌要心存戒心，不要想說已經跌了 50％不會再跌了吧，市場就是市場，不是我們家開的。

Q10 如何靠金融市場每年收入50萬以上，可不用再上班？

這是一個「所得替代」的概念，有一天我們可能會因為失業、健康因素或是其他理由離開職場，這時候就需要一個能夠替代薪水的收入來源，事實上這在金融市場是可以辦到的。

例如在低檔買進高現金股利率的股票，如果它的股利率有 10％，那只要準備 500 萬就能夠達到每年收入 50 萬以上，同樣的，買在低檔的高收益債券基金也可能有類似這樣的效果，當然它若有價格的增值可能會不只 50 萬；我們可透過幾次的操作，慢慢把這些增值的部分再轉換成低檔標的，就可以逐步提高每年的收入。

所以我們的一生中要好好珍惜每次下跌到低檔的機會，這樣就可以買入這些高殖利率、高股利率的標的，達到不用上班也能夠有高收入的理想生活。

Q11 資訊滿天飛，真假如何分辨？

市場的成因太複雜，往往公說公有理，婆說婆有

理，也許就是因為這樣，所以它才沒有快速的崩盤，等到大家意見都統一的時候，崩盤只是一瞬間。

　　我們不是看意見統一的時候才投資，這些分析師說的天花亂墜甚至是互相矛盾，都是騙外行人的；**如果要投資，不需要去分辨到底哪一個才是對的，我們只要抓到容易答對的題目來作答就可以了。**就跟攀岩一樣，能夠爬上去的人只是善於找出支撐點，我們只需有一個基本面的了解，再參考現在市場上價格與數量的資料，其實就能夠找到投資的支撐點，不管市場多頭或空頭都能賺到錢。

　　千萬不要被那些沒有意義的爭辯誤導了，也不要胡亂去猜測或選邊站，更不要下賭注去賭，這樣就可以避開很多的陷阱，找到成功的道路。

Q12　上班族現吃都不夠，哪有剩的來曬乾？

　　很多人都有一個困擾，就是「無財可理」，這裡要告訴大家的觀念是「錢少不是問題，錢太多反而是問題」。大部分投資成功的人都是從很少量的錢累積起來的，錢太多反而造成一種心理負擔，甚至失敗一次就永遠爬不起來了。

　　所以，年輕人應該在收入還很少時儘量存一點錢，每個月存幾千塊加上年終獎金應該一兩年就可以有十萬塊左右的本金，利用這個基本的資金藉由保本方式來倍

增財富，另一方面也要提升收入，這樣就能逐漸擴大資產，達到我們財務自由的理想。

Q13　為什麼有人一直賺，只是大賺小賺之分；有人卻賠得血本無歸，再也沒有站起來過？

　　這的確是一個很重要的問題。假設我們不熟悉某一項金融工具，也不懂這個金融工具在什麼樣的情況下能夠賺到錢，只憑一些市場上的小道消息或是隻字片語，就胡亂投資買標的，那可能就會虧得非常多。

　　假設我們再去玩融資或是期貨這些高槓桿的金融工具，那就有可能把本金一次燒光，加速出局。所以應該儘量選擇自己熟悉及合適的工具與方法。期貨、選擇權不是不能接觸，而是要量力而為，除非掌握到一些獲利的關鍵技術，否則還是以自己所知道的、能掌握的低風險、高報酬利器會好一點。請記得，市場對局外人是很殘忍的。

Q14　投資失敗的定義為何？

　　基本上巴菲特的說法是正確的，只要不能保本就算投資失敗。如果本金虧損超過 10％，就算是不能保本；而且投資人開始會有心理壓力，不願退場，想要趕快把它賺回來，或是在低檔不敢進場。市場一下子跌掉

10％，通常也是逆轉的徵兆，所以我們投資不能夠保本，或是本金虧損超過 10％，事實上就是失敗了。

另外，如果我們遇到意外的波動，不能夠利用它來化危機為轉機，反而被傷害到，以致於虧損影響到後續的財富增長計畫，這也屬於投資失敗。

我們可以說，不能保本以致未能以複利模式累積財富就是失敗，而且這種失敗可能會妨礙到我們往後的生活以及未來的發展，甚至影響到健康，是不可輕忽的，因此建議要遵循本書所建議的安穩投資方法才是。

一個投資失敗的典型模式就是沒有做好預備，盲目跟著市場的漲勢走，跟著媒體的鼓動走，市場價格漲越高，他愈放心，於是投入更多資金甚至借錢來投資，自有資金相對於總資金小很多，到達市場的高檔時卻沒有危機意識，又聽到分析師大唱高調，便繼續留在市場裡，沒想到一連串崩盤下來，由於本金相對於總資金較少，所以只跌 20％，他的自有資金就燒掉一半以上，而當股市又回到低檔的時候，他已經不敢再買了。

所以，正確的做法是在景氣的高檔要減碼股票，把它們換成現金，再等股價回歸理性審慎、被壓縮了以後，才用之前所得到的大量資金來買大量的低價股票，這才是王道。

Q15 如何操作才能保本並且持續以複利模式累積財富？

　　首先要遵守本書所提的三大原則：市場中立原則、到期日區分原則以及多元策略原則。我們是利用市場上的本質跟動能，只要市場的動能還在，我們就能夠賺錢，這是市場中立原則最重要的一個精神；另外，任何一個資金都有隱藏的到期日，短的、長的都要想辦法應付，儘量使它們在供給和需求時能夠相互配合；最後，我們不要局限於某檔股票或是特定標的，凡能夠抗跌、能漲的，我們就在能量低檔時買入，這樣子穩穩的鯨吞蠶食、累積小擴張和大擴張，長期下來的威力是非常龐大的。

Q16 如何安心讓財富自動倍增？

　　1. 記得情況不明朗、不確定或是自己看不懂的時候不妨退場休息，靜待考驗，遠離是非。

　　2. 要適度分散風險，避免在遭逢意外時全盤皆輸。

　　3. 利用一些小額的資金來靈活進出，掌握低檔的能量，小兵立大功。

　　4. 建立安全的邊際，就不怕波動。

　　5. 適度放空，沖銷一些不知道的危險，另外也可以做一些調整的動作。

　　6. 領高股利為主。

Q17 何時可以買進？何時可以賣出？高檔低檔該如何分辨？

原則上只要有賺都可以賣，因為我們投資就是等熱錢進來，不一定要等到最高點，即使只有賺個 10％、20％，但複利累積下來仍非常可觀，心情也較輕鬆自在。

那什麼時候可以買呢？最好是等它下跌到籌碼相當安定的價位，守住一個冷門的股票或基金，等熱錢進來。因為我們是買在一個相當的低檔，下跌的幅度很有限，只要它漲上來，馬上就有了一個安全的邊際，不怕它的波動，甚至長遠來看可能買在一個高股利率的價位，可以領一輩子股利，何樂而不為呢？

買高能量的低檔，才能夠有最大的投資效果，而且能保護本金；如果它已經達到一個高檔，也就是泡沫的階段，我們就應該把它變現，然後等待下一個能量低檔的出現。

高低檔要怎麼分辨呢？通常漲多了就會跌回來，直到籌碼相當安定的價位，如果是累積了好幾年的上漲就會有一、兩年的空頭，最明顯的例子就是從 1990 年開始每 7 年一次的多空循環，1990 年股市崩盤帶動了 1990 年到 1997 年的一個多頭，接下來 1997 年到 2000 年算是一個高檔波動的整理，然後到 2000 年又是一個大崩盤，這次連跌三年然後在 2007 年又達到了多頭的

頂點，接下來就是一個高檔的大幅震盪，如果說我們已經經過了 6、7 年的一個多頭，這樣就要很小心，它可能會有非常大的崩盤。

另外我們也可以觀察台灣、新加坡或是像美國 S&P500 指數這些做國際貿易的國家或公司，如果它又創新高，那往往代表著相當的一個高檔。

除了這種好幾年、7 年一個循環週期的高低檔之外，可能在每年都會有一個高低檔，通常從第二季開始，也就是 5、6 月以後就進入一個資金的淡季，這時候可能就會有順勢拉回的一個動作，可是等到第四季，尤其是 10 月中開始就會有資金回流，那就可能展開一個資金的旺季及一個多頭的走勢。

高低檔的判斷可以以 10 年作為一個週期，看看 10 年內最低點在哪裡，最高點在哪裡，就一個貿易國或 S&P500 而言，10 年內的一個最低點跟最高點，往往就訂出了高低檔的範圍，我們就可以來判斷現在的位置，到底是屬於低檔還是高檔。以台股為例，最低點大概是落在三、四千點，最高點大概是落在九千點到一萬點，所以台股的位置大概就在這樣的範圍內，我們來判斷它是高檔還是低檔。當然，這個高低範圍不一定會一直持續，這就牽涉到是否結構改變，箱形位移的問題了。我們對意外的預備就可以來處理這些問題。

Q18 退場之後，要等多久才能再買進？觀察期要多久才適當？

我的建議是每年的 1 到 7 月，可以作為一個觀察期，在這期間最多只宜小額短線進出。如果 1 到 7 月初股市順利漲很多，我們最好不要再進場，因為它可能已經達到泡沫高峰；而如果 1 到 7 月初，股市出現非常不穩定，發生高檔向下逆轉，異常崩盤，這時候也不要進場，因為下半年可能會跟著崩盤。

最好的情況是漲不多也跌不多，有抗跌的跡象，那下半年漲的機會就會比較大。所以我們不要急著進場，也不要怕少賺了就不得了，要有耐心的等大約半年以上，觀察看看現在到底是屬於多頭年還是空頭年，或者是多頭轉空頭、空頭轉多頭；經過半年的了解，再看有多少本金，然後冷靜規劃，定期分批布局，這樣就可以做出正確的決定。

Q19 媒體很喜歡找法人發表看法，法人的立場和一般民眾是否不同？

法人（金融機構或公司）的立場跟我們個人理財的立場是截然不同的，因為法人的資金非常龐大，它最害怕的就是要出場時賣不掉，無法脫身。所以它如果想賣，可能會有兩種方式，一是一直放話說現在景氣很好，讓不知情的人持續買入，這樣它就可以順利脫身；

另外一種，就是在期貨市場上先做放空的動作以保護本金。所以我們老是看那些外資、法人的意見，就容易變成幫它抬轎、出貨，成了白老鼠。而在低檔時，他們可能會喊說「無基之彈，還會下挫」，讓散戶不敢進場，但是自己卻悄悄在吃便宜貨，補充營養。

還有就是法人的資金是無限供應的，就算接近破產，也會有政府伸出援手，或有企業投資，所以它們可以非常從容的接受一些虧損，或者是在低檔時大膽買

理財停看聽

何謂 S&P500 股價指數？

S&P500 股價指數是由美國 Standard & Poor 公司所編製，自紐約證交所、美國證交所及上櫃等市場中選出 500 支股票，經由股本加權後所得到之平均股價指數，而以 1941 年至 1943 年這段期間的股價平均為基數 10。

因為 S&P 指數約占紐約證交所股票總值 80％以上，且在選股上廣泛顧及市值、流動性及產業代表性等因素，所以此指數一推出，就極受機構法人與基金經理人的重視，成為操作績效的重要參考標準。指數成分股也會視需要增減，但以保留 500 支成分股為前提，維持一增一減的原則。

Q A

穩中求富的安心理財法

進。但我們個人就不一樣了，假使發生破產或是虧損太嚴重，政府不會來補助，有錢的大老闆也不會來挹注資金，所以我們個人理財一定要注重風險管理，注意保本。

我們當然可以學法人預備足夠的資金在低檔買入，這樣的獲利或許能夠跟法人一樣，也不怕一些意外的崩盤，可是我們一定要小心外資、本土法人和分析師們所發表的意見，因為它們的立場跟個人是不一樣的。它們也可能只是在幫自己的公司打廣告、增加曝光率，所以如果隨意聽信預測或是建議來進出場往往會有很大的危險。

附錄一
投資原理精要

(1) 選時

買點始於恐慌性賣壓，終於恐慌性買壓。用分批逼近法去捕捉股市堅底。

堅底最可能出現在：2月中（過完年）、4月中、6月中、8月中、10月中，視每年情況而定，至少分三批入市。

考驗月：5，6，7，8，9，10，11月。每月 S&P 500 走勢必須符合標準多頭。若是轉衰年，則 6，7，9，11 月會長黑破底。

行動月：只要通過考驗能抗跌，確定是轉強年，則逐月見回小買，見底大買。

「景氣不好，投資正好。景氣太好，投資不好。」

(2) 選股

注意土型股（體質結實，滿地找牙，區間整理中的低檔部位），和火型股（營收創新高，魅力無法擋）。

產業長遠向上，在口袋（候選）名單中，評估是否未來一個月，一年，十年是低價點。

投資標的類型應分散，大小公司不拘。

225

(3) 長遠向上產業

符合 M 型社會，V 型人口（老人化），L 型經濟（通膨，上肥下瘦），宅經濟，女經濟，紓解壓力，教育程度提高，創新創意，節能減碳……等新興問題的產業或公司。

食品，塑膠，化學，生技醫療，農業及水利，橡膠，運輸，金屬，水泥，玻陶，造紙，通路，金融，光電，太陽能，LED，IC 設計，節能，環保，觀光，百貨，資產，網通，資訊服務，電訊，遊戲，其他（零組件、機械、能源、法律、教育、精品……）。

(4) 分散的祕密

總資產要有部分是貨幣或債券（確保生活安康，有錢低接）。

可承受高風險的資金分成十份，在 S&P 500 指數通過考驗後，每月遇到下跌就去餵養候選標的用掉一份。

不要想選某個安穩時點全部拿去買標的，這表面上低風險高報酬，但萬一有意外，今年就毀了，而且會不敢下手而錯過良機，心情也惶惶不安。

以十份法，如果十份中有一份走運漲一倍，而其他九份平均都賠 10%，今年還是有賺，為了那一份能漲一倍的就值得分散。

而且看到不符預期就停手，其他九份都賠的機率也不大吧。

就長遠來看，如果將來每一份都還本了，整個資產就漲一倍。

《孫子兵法》所言：「常山之蛇也，擊其首則尾至，擊其尾則首至，擊其中則首尾俱至。」就是這個意思。

(5) 萬般拉抬只為出

市場謹慎，就買股票；市場慷慨，就收現金。

(6) 投資五法

分散（預備漲，預備跌），小進（10％），安全低位，沖銷（多空並存），調節。

要懂得「小進」的妙處：「小進」如筷子，先試溫，若成則讓它賺一倍，掩護後續行動；若不成，也可安全退場。

(7) 不要看新聞投資

對股市而言，新聞永遠是舊聞。若好消息就能使市場狂熱噴火，這就是泡沫化。相信新聞裡的專家預測，只是自找麻煩。

(8) 零存整付

投資是一種零存整付，整付再零存的過程，「養兵千日，用在一時」，今年撒種，將來收割。不要想單筆一次和未知決死戰，不要以為有什麼是確定的，除非錢存銀行。

(9) 注意殖利率

能穩當還本才叫投資，最好是還本後，每年還會持

續配息。

⑽ 這筆錢若不安心，就不投

心態要誠實，做法要踏實，不要當賭徒，也不要當騙徒。

⑾ 學忍者龜，腳踏實地，忌追高，保持警覺：螳螂捕蟬黃雀在後，小賺大賠夢一場。

⑿ 財富＝心理工程＋知識工程＋財務工程

附錄二
名詞解釋

共同基金：是集合投資人的資金，交給基金公司去負責投資及管理，投資收益與風險則由投資人自行承擔的一種金融商品；依照投資標的，可分成股票型基金、債券型基金及平衡型基金……等。

股票：是表彰公司所有權的證券，可分成普通股和特別股。普通股持有人即是公司的股東或部分所有者，具有投票權、股利分配權、剩餘請求權、有限清償責任、資本增值利得……等權利。特別股則較普通股更具有剩餘財產與股利的優先分配權。

做多：投資者預期價格會上漲（看多），故買進股票、基金、外匯……等標的，以求因此獲利。

放空：投資者預期價格會下跌（看空），故藉股票賣出，將來再買回，以求因此獲利。或做期貨、選擇權、權證、ETF、外匯……等標的以達類似效果。

軋空：看空者已達竭盡，看多者相對充裕，於是似跌而不跌，出現大漲，放空者只好被迫買回，再度推升漲勢。

殖利率：在債券意指將年利息除以購入成本，在股票意指將股利價值（現金股利加股票股利）除以購入成本。

指數型基金（ETF）：指數型基金是採被動式管理策略以追蹤指數的證券市場交易基金，如 S&P 500 股價指數基金。發行公司會將其追蹤標的指數的股票投資組合委託一受託機構管理，並以此為實物擔保，分割成低單價的投資單位，讓投資人在集中市場交易。ETF 的優點是其管理費遠低於一般股票型共同基金；且可在每日的交易時間內，隨時掌握追蹤指數的價格變化，不怕操作績效遜於大盤的問題；且能有各種放空、外匯、商品、期貨、槓桿、高股利等變化型態可供選擇。

認購（售）權證：類似選擇權的一種金融商品。認購權證是由證券商發行，當投資人付出權利金後即有權在未來某一特定日，以履約價向發行證券商認購特定數量的標的物，若到期時市價高於履約價則履約獲利（但須扣除權利金），反之則最多虧損權利金。認售權證則和認購權證恰好相反，但都是最多虧損權利金。

期貨：約定在未來某一特定日，買方（或賣方）可以特定價格買進（或賣出）某標的物（股票、債券、商品、外匯……等），並承擔每日結清之賺賠的標準化契約。

選擇權：當契約的買方付出權利金後，即有權在未來某一特定日，向契約的賣方依履約價買入或賣出一

定數量的標的物，若到期時有獲利則履約，反之則最多虧損權利金。

信用交易：可分成借錢買股票再賣出的融資交易，和借股票賣出再買回的融券交易。整戶擔保維持率若低於 120％，則客戶須於追繳期限內繳足款項，否則證金公司或證券商即處分該客戶信用交易的股票，俗稱「斷頭」。

斷頭：投資者做信用交易或期貨時，部位價值低於維持率，又未能於追繳期限內繳足款項，於是部位被強迫結清，致使本金大幅虧損。

部位：持有證券或資產的狀態，如長部位是持有做多資產，短部位是持有放空資產。

連動債：連動式債券是一種結合固定與非固定收益，以改變客戶風險承受模式的金融商品。所謂「連動」是指其利息及價值會隨著參考指數、外幣價格、商品價格、參考利率而變。可分成：本國幣保本、外幣保本、有條件保本……等類型。

高檔：對未來而言，價格受賣壓而難以維持的偏高價位。

低檔：對未來而言，價格獲得支撐的偏低價位。

標的：泛指各種投資工具如股票、債券、基金……等。

台股40年指數（一）　1970年1月～1979年12月

年	月	開盤指數	最高指數	最低指數	收盤指數
1970	1	110.3	115.86	110.05	113.98
1970	2	113.98	122.03	113.98	122.03
1970	3	122.03	129	122.03	122.89
1970	4	122.89	127.91	119.06	122.89
1970	5	122.89	123.49	118.93	119.31
1970	6	119.31	123.86	114.57	123.86
1970	7	123.86	127.67	120.02	120.02
1970	8	120.02	122.38	117.26	117.85
1970	9	117.85	118.29	115.5	116.59
1970	10	116.59	120.23	115.81	120.23
1970	11	120.23	121.14	117.95	119.04
1970	12	119.04	124.87	119.04	123.38
1971	1	123.38	126.89	121.13	126.89
1971	2	126.89	132.25	126.89	128.48
1971	3	128.48	129.41	117.78	117.78
1971	4	117.78	120.04	116.48	118.15
1971	5	118.15	130.24	117.56	130.24
1971	6	130.24	141.28	130.24	141.14
1971	7	141.14	149.93	131.3	131.3
1971	8	131.3	131.3	117.68	120.87
1971	9	120.87	128.26	120.56	124.5
1971	10	124.5	128.74	118.8	118.8
1971	11	118.8	125.48	118.8	121.37
1971	12	121.37	135.66	120.83	135.13
1972	1	135.13	135.13	120.05	127.29
1972	2	127.29	130.2	126.12	128.56
1972	3	128.56	137.14	128.56	135.93
1972	4	135.93	149.12	135.93	149.12
1972	5	149.12	167.06	149.12	158.9
1972	6	158.9	167.24	158.9	167.24
1972	7	167.24	172.85	165.6	165.61
1972	8	165.61	168.35	155.16	160.56
1972	9	160.56	163.79	157.86	163.79
1972	10	163.79	180.36	163.79	178.03
1972	11	178.03	207.08	178.03	203.49
1972	12	203.49	228.03	203.02	228.03
1973	1	228.03	247.56	225.7	247.56
1973	2	247.56	272.22	247.56	271
1973	3	271	315.91	271	315.91
1973	4	315.91	371.72	315.91	337.31
1973	5	337.31	364.21	311.57	361.84
1973	6	361.84	410.76	358.88	401.31
1973	7	401.31	419.93	380	380
1973	8	380	401.13	367.49	394
1973	9	394	427.97	392.11	421.04
1973	10	421.04	453.84	411.63	452.24
1973	11	452.24	499.22	452.24	499.22
1973	12	499.22	514.85	485.64	495.45
1974	1	495.45	498.23	461.78	487.62
1974	2	487.62	487.62	399.78	414.59
1974	3	414.59	443.07	392.54	440.1
1974	4	440.1	440.1	406.97	409.97
1974	5	409.97	409.97	323.44	323.44
1974	6	323.44	394.59	323.44	374.44
1974	7	374.44	391.84	369.75	376.77
1974	8	376.77	377.62	303.28	303.28
1974	9	303.28	303.54	280.2	302.53
1974	10	302.53	302.53	212.94	220.95
1974	11	220.95	225.64	191.39	214.46
1974	12	214.46	215.03	188.74	193.06
1975	1	193.06	259.63	190.18	248.7
1975	2	248.7	281.84	224.44	266.67
1975	3	266.67	273.2	207.49	243.92
1975	4	243.92	284.36	243.92	284.36
1975	5	284.36	372.38	283.05	372.38
1975	6	372.38	429.02	342.87	357.88
1975	7	357.88	383.15	343.44	369.73
1975	8	369.73	393.85	369.12	387.37
1975	9	387.37	387.37	348.07	358.92
1975	10	358.92	358.92	336.38	339.41
1975	11	339.41	342.76	299.25	302.78
1975	12	302.78	330.34	292.03	330.08

年	月	開盤指數	最高指數	最低指數	收盤指數
1976	1	330.08	388	330.08	388
1976	2	388	388	365.23	366.57
1976	3	366.57	415.64	359.64	415.64
1976	4	415.64	417	378.32	379.05
1976	5	379.05	396.81	347.09	396.81
1976	6	396.81	396.81	354.53	360.16
1976	7	360.16	360.16	299.88	309.57
1976	8	309.57	339.71	306.13	308.26
1976	9	308.26	319.85	287.17	287.17
1976	10	287.17	299.85	257.55	299.85
1976	11	299.85	317.05	287.14	293.76
1976	12	293.76	372.2	292.53	372.2
1977	1	372.2	392	367.82	391.15
1977	2	391.15	391.15	342.13	342.13
1977	3	342.13	346.81	321.57	330.96
1977	4	330.96	332.76	315.08	322.2
1977	5	322.2	349.28	313.92	335.57
1977	6	335.57	358.9	328.97	355.26
1977	7	355.26	355.26	317.12	322.27
1977	8	322.27	359.26	235.24	355.83
1977	9	355.83	392.39	355.83	392.39
1977	10	392.39	401.27	383.76	393.44
1977	11	393.44	418.42	393.44	418.42
1977	12	418.42	450.44	417.12	450.44
1978	1	450.44	492.32	447.93	481.88
1978	2	481.88	503.17	471.94	483.79
1978	3	483.79	488.79	449.9	457.01
1978	4	457.01	501.17	457.01	501.17
1978	5	501.17	562.41	501.17	560.23
1978	6	560.23	560.84	514.59	544.68
1978	7	544.68	595.62	544.68	589.31
1978	8	589.31	624.72	575.6	623.74
1978	9	623.74	683.01	623.74	679.17
1978	10	679.17	688.52	626.92	626.92
1978	11	626.92	626.92	568.92	582.83
1978	12	582.83	607.25	531.25	532.43

年	月	開盤指數	最高指數	最低指數	收盤指數
1979	1	532.43	553.79	505.26	533.74
1979	2	533.74	547.98	522.41	531.31
1979	3	531.31	624.7	531.31	624.7
1979	4	624.7	659.19	618.35	659.19
1979	5	659.19	659.19	579.65	590.37
1979	6	590.37	590.39	565.74	572.27
1979	7	572.27	572.27	514.04	561.55
1979	8	561.55	601.42	546.99	599.05
1979	9	599.05	599.05	562.81	577.46
1979	10	577.46	586.41	530.92	530.92
1979	11	530.92	554.89	502.05	512.45
1979	12	512.45	555.22	503.57	549.55

資料來源：情報贏家（台灣加權股價指數）

台股40年指數（二）　1980年1月～1989年12月

年	月	開盤指數	最高指數	最低指數	收盤指數	年	月	開盤指數	最高指數	最低指數	收盤指數
1980	1	549.55	564.81	540.08	547.02	1983	1	443.57	458.88	434.94	442.73
1980	2	547.02	564.4	547.02	564.4	1983	2	442.73	514.11	438.71	514.11
1980	3	564.4	583.77	526.2	526.2	1983	3	514.11	634.63	439.66	621.38
1980	4	526.2	531.7	509.7	515.93	1983	4	621.38	741.32	621.38	683.62
1980	5	515.93	519.31	500.77	514.8	1983	5	683.62	698.85	653.53	667.43
1980	6	514.8	514.8	480.38	480.38	1983	6	667.43	736.38	656.13	736.38
1980	7	480.38	544.71	480.38	539.19	1983	7	736.38	765.71	727.98	735.07
1980	8	539.19	578.13	536.95	578.13	1983	8	735.07	735.07	689.13	711.49
1980	9	578.13	585.73	546.09	559.96	1983	9	711.49	737.14	711.49	724.28
1980	10	559.96	596.71	559.96	581.32	1983	10	724.28	724.28	701.71	706.42
1980	11	581.32	599.57	559.64	566.28	1983	11	706.42	735.74	691.44	707.73
1980	12	566.28	566.28	547.04	558.45	1983	12	707.73	765.08	706.7	761.92
1981	1	558.45	564.4	535.04	564.4	1984	1	761.92	829.43	761.92	829.43
1981	2	564.4	597.81	564.4	582.36	1984	2	829.43	901	829.43	868.4
1981	3	582.36	582.36	536.76	549.4	1984	3	868.4	910.41	848.19	871.41
1981	4	549.4	556.66	534.36	556.66	1984	4	871.41	938.3	859.24	938.3
1981	5	556.66	575.27	556.66	567.57	1984	5	938.3	969.25	853.67	869.77
1981	6	567.57	600.73	564.71	564.72	1984	6	869.77	919.91	869.77	898.89
1981	7	564.72	572.93	543.45	547.8	1984	7	898.89	901.94	872.62	894.48
1981	8	547.8	551.43	507.79	507.79	1984	8	894.48	924.05	891.04	909.84
1981	9	507.79	538.91	507.79	521.77	1984	9	909.84	909.84	859.67	873.59
1981	10	521.77	527.34	506.2	517.56	1984	10	873.59	891.35	825.22	830.36
1981	11	517.56	536.28	502.92	534.75	1984	11	830.36	838.12	792.24	835.04
1981	12	534.75	552.93	531.51	551.03	1984	12	835.04	865.66	830.76	838.07
1982	1	551.03	551.03	529.96	538.42	1985	1	838.07	840.57	787.22	787.75
1982	2	538.42	541.78	511.71	511.71	1985	2	787.75	796.28	775.17	781.37
1982	3	511.71	511.71	488.75	491.05	1985	3	781.37	830.62	765.96	765.96
1982	4	491.05	495.63	469.17	483.38	1985	4	765.96	894.29	739.39	739.49
1982	5	483.38	488.38	459.23	470.06	1985	5	739.49	745.9	723.38	730.53
1982	6	470.06	472.7	432.77	472.7	1985	6	730.53	730.53	687.1	706.48
1982	7	472.7	472.7	443.69	443.69	1985	7	706.48	706.48	636.02	637.14
1982	8	443.69	452.79	421.43	447.46	1985	8	637.14	666.11	637.14	666.11
1982	9	447.46	474.85	447.46	458.54	1985	9	666.11	713.12	666.11	710.08
1982	10	458.54	480.71	455.32	480.71	1985	10	710.08	781.66	709.67	781.66
1982	11	480.71	487.09	455.81	455.81	1985	11	781.66	797.7	738.14	776.28
1982	12	455.81	458.94	432.91	443.57	1985	12	776.28	835.12	774.49	835.12

穩中求富的安心理財法

年	月	開盤指數	最高指數	最低指數	收盤指數
1986	1	835.12	889.41	835.12	888.7
1986	2	882.95	943.95	882.95	943.95
1986	3	943.95	986.2	926.13	926.13
1986	4	926.13	932.96	176.11	902.87
1986	5	902.87	950.8	882.35	950.8
1986	6	950.8	990.92	950.8	955.21
1986	7	955.21	995.99	935.83	935.83
1986	8	935.83	935.83	868.68	903.61
1986	9	903.61	947.11	903.61	947.11
1986	10	947.11	1,017.16	946.17	994.44
1986	11	994.44	1,030.61	978.96	996.24
1986	12	996.24	1,039.11	995.46	1,039.11
1988	1	1,039.11	1,150.25	1,039.11	1,150.25
1988	2	1,150.25	1,272.13	1,150.25	1,272.13
1988	3	1,272.13	1,405.51	1,262.62	1,405.51
1988	4	1,405.51	1,812.99	1,405.51	1,812.99
1988	5	1,812.99	1,906.13	1,697.35	1,878.61
1988	6	1,878.61	1,878.61	1,645.45	1,648.92
1988	7	1,648.92	2,051.90	1,604.79	2,048.21
1988	8	2,048.21	3,075.23	2,045.44	3,075.23
1988	9	3,075.23	4,471.62	3,024.21	4,459.01
1988	10	4,459.01	4,796.73	2,701.00	2,722.32
1988	11	2,722.32	3,055.76	2,448.66	2,952.51
1988	12	2,940.00	2,991.78	2,241.25	2,339.86
1988	1	2,339.86	2,908.12	2,306.65	2,843.87
1988	2	2,843.87	3,509.53	2,802.05	3,499.01
1988	3	3,499.01	3,534.90	3,171.41	3,373.86
1988	4	3,373.86	4,158.44	3,360.27	4,158.44
1988	5	4,158.44	4,785.03	4,144.35	4,476.26
1988	6	4,476.26	5,265.24	4,476.26	4,846.03
1988	7	4,846.03	6,248.02	4,846.03	6,248.02
1988	8	6,248.02	8,372.28	6,211.40	7,680.48
1988	9	7,680.48	8,813.75	7,568.80	8,402.93
1988	10	8,402.93	8,402.93	5,585.44	6,226.01
1988	11	6,226.01	7,596.79	6,023.40	6,814.11
1988	12	6,814.11	6,908.51	4,796.08	5,119.11

年	月	開盤指數	最高指數	最低指數	收盤指數
1989	1	5,119.11	6,201.39	4,645.98	6,157.12
1989	2	6,157.12	7,008.34	6,157.12	7,004.44
1989	3	7,004.44	7,674.79	7,004.44	7,390.15
1989	4	7,390.15	8,194.80	6,972.54	7,933.71
1989	5	7,933.71	9,929.31	7,933.71	9,832.38
1989	6	9,832.38	10,249.24	8,304.49	9,205.06
1989	7	9,205.06	9,532.52	7,699.14	9,504.20
1989	8	9,504.20	10,224.31	9,140.35	9,924.30
1989	9	9,924.30	10,843.96	9,892.56	10,180.84
1989	10	10,180.84	10,609.51	9,252.94	10,602.07
1989	11	10,602.07	10,739.37	9,024.51	9,402.56
1989	12	9,402.56	9,686.78	7,887.57	9,624.18

資料來源：情報贏家（台灣加權股價指數）

年	月	開盤指數	最高指數	最低指數	收盤指數
1990	1	9,624.18	12,302.00	9,595.01	12,054.35
1990	2	12,030.67	12,682.41	10,995.78	11,661.73
1990	3	11,587.04	12,065.72	10,145.17	10,755.87
1990	4	11,078.23	11,282.65	8,652.57	9,292.37
1990	5	9,066.56	9,066.56	5,822.85	7,290.88
1990	6	7,396.51	8,007.99	4,953.43	5,049.58
1990	7	5,071.73	5,714.17	4,450.31	5,618.21
1990	8	5,747.91	5,825.95	3,021.66	3,635.28
1990	9	3,707.56	3,812.66	2,550.37	2,705.01
1990	10	2,675.87	3,575.71	2,485.25	3,318.53
1990	11	3,191.03	5,027.73	3,016.37	4,377.27
1990	12	4,632.96	5,267.26	3,773.54	4,530.16
1991	1	4,465.26	4,533.21	3,142.59	4,023.72
1991	2	3,997.02	5,255.87	3,920.39	5,033.37
1991	3	4,972.67	5,141.32	4,446.97	5,139.94
1991	4	5,193.62	6,088.92	5,135.86	5,921.29
1991	5	5,926.19	6,365.61	5,556.44	5,610.72
1991	6	5,691.48	6,137.21	5,559.83	5,768.08
1991	7	5,862.85	5,862.85	4,781.35	5,178.06
1991	8	5,172.40	5,247.82	4,250.32	4,543.53
1991	9	4,568.22	4,914.85	4,464.47	4,867.13
1991	10	4,865.38	4,925.29	4,032.79	4,389.86
1991	11	4,376.75	4,582.02	4,227.45	4,378.50
1991	12	4,385.26	4,608.66	4,310.29	4,600.67
1992	1	4,640.51	5,459.08	4,610.98	5,391.63
1992	2	5,373.72	5,392.28	4,766.91	5,142.42
1992	3	5,173.26	5,173.26	4,685.16	4,800.94
1992	4	4,806.91	4,806.91	4,382.31	4,496.19
1992	5	4,504.31	4,675.35	4,253.30	4,496.58
1992	6	4,493.56	4,772.09	4,439.33	4,523.81
1992	7	4,476.04	4,535.32	3,925.70	4,108.52
1992	8	4,131.55	4,167.31	3,629.33	3,946.35
1992	9	3,950.21	3,986.81	3,306.74	3,524.21
1992	10	3,541.64	3,777.80	3,502.00	3,631.73
1992	11	3,630.57	3,737.98	3,506.05	3,675.01
1992	12	3,671.72	3,797.24	3,305.82	3,377.06
1993	1	3,408.10	3,420.62	3,098.33	3,374.56
1993	2	3,413.45	4,446.22	3,413.45	4,384.67
1993	3	4,401.53	4,851.10	4,317.56	4,825.29
1993	4	4,860.86	5,091.66	4,386.32	4,563.52
1993	5	4,571.13	4,736.93	4,171.86	4,267.90
1993	6	4,261.31	4,422.66	3,987.32	3,995.51
1993	7	3,968.92	4,129.18	3,875.88	3,960.38
1993	8	3,949.83	4,175.00	3,892.04	3,892.04
1993	9	3,874.67	3,976.99	3,740.82	3,832.69
1993	10	3,833.47	4,138.26	3,785.77	4,131.68
1993	11	4,172.85	4,404.99	4,163.15	4,353.90
1993	12	4,395.75	6,120.19	4,391.70	6,070.56
1994	1	6,120.10	6,719.94	5,649.11	6,115.12
1994	2	6,201.11	6,424.43	5,379.01	5,414.64
1994	3	5,462.97	5,808.77	5,125.64	5,249.22
1994	4	5,242.09	5,976.02	5,242.09	5,737.33
1994	5	5,758.73	6,153.24	5,670.52	5,891.56
1994	6	5,922.54	6,221.37	5,851.84	5,932.60
1994	7	5,974.92	6,848.10	5,972.52	6,720.05
1994	8	6,776.89	7,069.89	6,539.76	7,008.11
1994	9	7,060.53	7,129.07	6,829.80	7,091.13
1994	10	7,144.17	7,228.33	5,916.39	6,526.47
1994	11	6,467.65	6,521.93	6,153.87	6,363.72
1994	12	6,376.36	7,180.34	6,376.36	7,124.66
1995	1	7,129.94	7,144.70	6,167.79	6,307.85
1995	2	6,444.53	6,696.29	6,284.75	6,509.33
1995	3	6,436.26	6,625.43	6,331.17	6,524.00
1995	4	6,537.18	6,599.29	5,667.55	5,803.78
1995	5	5,821.33	5,852.83	5,417.47	5,674.55
1995	6	5,703.81	5,745.83	5,199.86	5,444.97
1995	7	5,402.04	5,670.50	4,926.16	5,180.42
1995	8	5,188.25	5,228.59	4,474.32	4,809.93
1995	9	4,846.83	5,221.89	4,772.67	5,033.06
1995	10	5,027.51	5,265.59	4,816.71	4,817.04
1995	11	4,801.71	4,912.39	4,530.96	4,777.20
1995	12	4,813.87	5,193.35	4,716.24	5,173.73

年	月	開盤指數	最高指數	最低指數	收盤指數
1996	1	5,200.73	5,209.51	4,681.36	4,763.40
1996	2	4,746.93	4,882.38	4,672.67	4,797.67
1996	3	4,821.25	5,136.01	4,675.36	5,032.35
1996	4	5,068.85	6,237.37	5,053.75	6,134.28
1996	5	6,184.79	6,229.39	5,695.50	5,966.82
1996	6	5,980.07	6,600.33	5,900.53	6,560.41
1996	7	6,599.07	6,624.69	5,943.75	6,106.97
1996	8	6,182.03	6,400.00	5,988.12	6,324.60
1996	9	6,347.97	6,558.26	6,197.54	6,504.68
1996	10	6,537.16	6,680.66	6,357.38	6,426.09
1996	11	6,450.68	7,002.62	6,441.65	6,826.06
1996	12	6,863.76	7,084.25	6,769.08	6,933.94
1997	1	6,806.30	7,391.94	6,789.34	7,283.40
1997	2	7,343.38	7,953.95	7,312.88	7,875.32
1997	3	7,960.50	8,599.52	7,830.75	8,004.20
1997	4	8,081.37	8,758.41	8,063.82	8,485.66
1997	5	8,497.06	8,497.06	7,893.73	8,163.11
1997	6	8,203.77	9,131.86	8,170.15	9,030.28
1997	7	9,094.27	10,113.57	8,988.13	10,066.35
1997	8	9,953.31	10,256.10	9,501.63	9,756.47
1997	9	9,861.75	9,861.75	8,599.82	8,708.83
1997	10	8,737.08	8,737.08	7,040.54	7,313.40
1997	11	7,419.34	8,137.02	7,406.10	7,797.19
1997	12	7,446.49	8,532.25	7,354.92	8,187.27
1998	1	8,200.78	8,200.78	7,375.14	8,085.47
1998	2	8,260.28	9,378.52	8,245.42	9,202.56
1998	3	9,272.79	9,314.74	8,630.05	9,091.16
1998	4	9,160.68	9,337.61	8,304.21	8,304.21
1998	5	8,366.28	8,432.03	7,903.34	7,903.34
1998	6	7,860.05	7,898.66	7,073.22	7,548.81
1998	7	7,654.01	8,116.57	7,647.71	7,653.51
1998	8	7,580.16	7,715.80	6,550.11	6,550.11
1998	9	6,350.13	7,218.39	6,219.89	6,833.95
1998	10	6,760.41	7,170.69	6,384.66	7,165.98
1998	11	7,215.83	7,488.43	6,643.18	7,177.22
1998	12	7,116.24	7,375.91	6,414.65	6,418.43

年	月	開盤指數	最高指數	最低指數	收盤指數
1999	1	6,310.41	6,577.92	5,949.45	5,998.32
1999	2	5,948.35	6,383.04	5,422.66	6,318.52
1999	3	6,324.40	7,133.03	6,228.53	6,881.72
1999	4	6,876.64	7,703.76	6,876.64	7,371.17
1999	5	7,393.58	7,705.63	7,310.52	7,316.57
1999	6	7,324.42	8,661.39	7,313.12	8,467.37
1999	7	8,508.79	8,710.71	7,068.88	7,326.75
1999	8	7,328.54	8,278.30	6,771.75	8,157.73
1999	9	8,225.61	8,414.60	7,415.58	7,598.79
1999	10	7,633.08	7,959.52	7,462.45	7,854.85
1999	11	7,871.07	8,152.33	7,261.31	7,720.87
1999	12	7,702.18	8,480.50	7,684.42	8,448.84

資料來源：情報贏家（台灣加權股價指數）

237

台股40年指數（四）　2000年1月～2009年12月

穩中求富的安心理財法

年	月	開盤指數	最高指數	最低指數	收盤指數	年	月	開盤指數	最高指數	最低指數	收盤指數
2000	1	8,644.91	9,753.72	8,642.50	9,744.89	2003	1	4,460.57	5,141.80	4,431.19	5,015.16
2000	2	9,829.68	10,393.59	9,407.79	9,435.94	2003	2	4,975.65	4,975.65	4,385.61	4,432.46
2000	3	9,572.24	10,071.26	8,250.46	9,854.95	2003	3	4,483.44	4,619.98	4,240.60	4,321.22
2000	4	9,892.78	10,328.98	8,458.40	8,777.35	2003	4	4,275.39	4,677.42	4,044.73	4,148.07
2000	5	8,836.83	9,167.78	8,281.68	8,939.52	2003	5	4,130.60	4,639.01	4,108.67	4,555.90
2000	6	8,936.43	9,209.48	8,050.02	8,265.09	2003	6	4,620.54	5,089.08	4,612.10	4,872.15
2000	7	8,260.95	8,643.21	7,723.44	8,114.92	2003	7	4,893.58	5,504.38	4,893.58	5,318.34
2000	8	8,171.58	8,305.67	7,440.81	7,616.98	2003	8	5,365.73	5,692.93	5,174.77	5,650.83
2000	9	7,659.82	7,829.34	6,155.65	6,185.14	2003	9	5,690.84	5,809.43	5,591.33	5,611.41
2000	10	6,165.64	6,425.69	5,074.44	5,544.18	2003	10	5,599.10	6,173.85	5,560.55	6,045.12
2000	11	5,552.30	6,164.62	4,760.68	5,256.93	2003	11	6,054.31	6,182.20	5,740.57	5,771.77
2000	12	5,173.02	5,403.14	4,555.91	4,739.09	2003	12	5,768.69	5,945.53	5,718.44	5,890.69
2001	1	4,717.49	5,992.43	4,678.00	5,936.20	2004	1	5,907.15	6,421.45	5,907.15	6,375.38
2001	2	5,927.25	6,198.22	5,653.86	5,674.69	2004	2	6,379.98	6,756.76	6,210.35	6,750.54
2001	3	5,581.95	5,981.31	5,471.62	5,797.92	2004	3	6,816.79	7,135.00	6,020.64	6,522.19
2001	4	5,797.85	5,797.85	5,345.60	5,381.67	2004	4	6,504.54	6,916.31	6,023.58	6,117.81
2001	5	5,469.95	5,502.53	4,902.22	5,048.86	2004	5	6,102.60	6,191.84	5,450.72	5,977.84
2001	6	5,090.66	5,318.71	4,741.54	4,883.43	2004	6	5,991.49	6,010.50	5,514.17	5,839.44
2001	7	4,886.49	4,906.82	4,008.08	4,352.98	2004	7	5,849.74	5,870.59	5,280.42	5,420.57
2001	8	4,402.71	4,715.20	4,303.34	4,509.44	2004	8	5,404.19	5,864.57	5,255.06	5,765.54
2001	9	4,520.00	4,526.27	3,411.68	3,636.94	2004	9	5,799.82	5,970.29	5,712.95	5,845.69
2001	10	3,623.67	4,104.21	3,436.25	3,903.49	2004	10	5,869.42	6,135.55	5,597.80	5,705.93
2001	11	3,939.08	4,722.18	3,910.84	4,441.12	2004	11	5,725.65	6,088.12	5,628.25	5,844.76
2001	12	4,534.37	5,651.98	4,532.19	5,551.24	2004	12	5,778.06	6,160.96	5,745.05	6,139.69
2002	1	5,575.34	6,049.12	5,375.40	5,872.14	2005	1	6,166.39	6,183.15	5,734.87	5,994.23
2002	2	5,948.10	6,048.65	5,492.94	5,696.11	2005	2	6,015.78	6,233.53	5,979.92	6,207.83
2002	3	5,672.03	6,326.43	5,645.80	6,167.47	2005	3	6,227.42	6,267.52	5,940.18	6,005.88
2002	4	6,118.45	6,484.93	6,009.45	6,065.73	2005	4	6,010.71	6,048.37	5,565.41	5,818.07
2002	5	6,099.27	6,106.77	5,421.80	5,675.65	2005	5	5,845.14	6,026.53	5,793.25	6,011.56
2002	6	5,628.27	5,656.91	5,048.31	5,153.71	2005	6	6,002.55	6,401.81	5,962.88	6,241.94
2002	7	5,124.50	5,460.09	4,796.45	4,940.38	2005	7	6,240.08	6,480.97	6,180.58	6,311.98
2002	8	4,923.29	5,030.24	4,506.60	4,764.94	2005	8	6,320.67	6,481.62	5,976.40	6,033.47
2002	9	4,756.01	4,756.01	4,082.94	4,191.81	2005	9	6,081.71	6,186.12	5,894.99	6,118.61
2002	10	4,146.67	4,682.94	3,845.76	4,579.14	2005	10	6,128.97	6,171.87	5,618.90	5,764.30
2002	11	4,596.69	4,862.66	4,486.34	4,646.69	2005	11	5,803.25	6,212.35	5,786.64	6,203.47
2002	12	4,655.42	4,867.23	4,413.14	4,452.45	2005	12	6,196.36	6,600.17	6,162.86	6,548.34

年	月	開盤指數	最高指數	最低指數	收盤指數
2006	1	6,457.61	6,797.20	6,373.63	6,532.18
2006	2	6,592.19	6,747.43	6,466.21	6,561.63
2006	3	6,518.00	6,685.45	6,344.73	6,613.97
2006	4	6,627.32	7,229.35	6,615.98	7,171.77
2006	5	7,174.93	7,476.07	6,791.11	6,846.95
2006	6	6,874.66	6,967.38	6,268.92	6,704.41
2006	7	6,727.23	6,789.55	6,232.49	6,454.58
2006	8	6,464.59	6,761.79	6,405.09	6,611.77
2006	9	6,631.83	6,961.92	6,550.03	6,883.05
2006	10	6,907.43	7,159.85	6,874.98	7,021.32
2006	11	7,036.07	7,567.72	7,005.13	7,567.72
2006	12	7,587.51	7,823.72	7,369.09	7,823.72
2007	1	7,871.41	7,999.42	7,599.55	7,699.64
2007	2	7,751.30	7,950.20	7,679.78	7,901.96
2007	3	7,707.63	7,928.03	7,306.07	7,884.41
2007	4	7,888.17	8,108.50	7,843.05	7,875.42
2007	5	7,900.76	8,256.25	7,861.43	8,144.95
2007	6	8,236.76	8,985.93	8,224.28	8,883.21
2007	7	8,903.77	9,807.91	8,849.35	9,287.25
2007	8	9,188.60	9,265.70	7,987.61	8,982.16
2007	9	9,018.89	9,482.37	8,841.64	9,476.52
2007	10	9,523.98	9,859.65	9,275.72	9,711.37
2007	11	9,780.59	9,785.75	8,207.97	8,586.40
2007	12	8,623.12	8,804.93	7,664.62	8,506.28
2008	1	8,491.57	8,546.20	7,384.61	7,521.13
2008	2	7,613.58	8,473.71	7,530.37	8,412.76
2008	3	8,213.70	9,049.23	7,900.80	8,572.59
2008	4	8,593.20	9,194.86	8,419.72	8,919.92
2008	5	8,998.06	9,309.95	8,548.32	8,619.08
2008	6	8,638.48	8,809.33	7,466.20	7,523.54
2008	7	7,528.54	7,569.18	6,708.46	7,024.06
2008	8	6,920.75	7,376.69	6,809.96	7,046.11
2008	9	6,967.22	6,967.22	5,530.19	5,719.28
2008	10	5,854.00	5,854.00	4,110.09	4,870.66
2008	11	4,925.74	5,095.98	3,955.43	4,460.49
2008	12	4,436.12	4,750.96	4,190.02	4,591.22

年	月	開盤指數	最高指數	最低指數	收盤指數
2009	1	4,725.26	4,817.44	4,164.19	4,247.97
2009	2	4,277.10	4,607.97	4,240.08	4,557.15
2009	3	4,528.27	5,468.49	4,328.05	5,210.84
2009	4	5,271.83	6,071.06	5,271.83	5,992.57
2009	5	6,285.60	6,930.59	6,256.29	6,890.44
2009	6	7,033.33	7,084.83	6,100.08	6,432.16
2009	7	6,445.85	7,185.52	6,433.69	7,077.71
2009	8	7,036.47	7,138.94	6,629.10	6,825.95
2009	9	6,834.63	7,558.88	6,807.62	7,509.17
2009	10	7,581.38	7,811.92	7,233.63	7,340.08
2009	11	7,238.30	7,875.48	7,218.89	7,582.21
2009	12	7,615.95	8,188.80	7,549.01	8,188.11

資料來源：情報贏家（台灣加權股價指數）

國家圖書館出版品預行編目資料

穩中求富的安心理財法 / 洪世杰著.-- 第一版. --
臺北市： 文經社, 2010. 06
面； 公分. --（富翁系列 ； M013）
ISBN 978-957-663-613-4（平裝）

1. 投資　2. 風險管理　3. 理財
563.5　　　　　　　　　　　　　99008858

⊙文經社

富翁系列 M013

穩中求富的安心理財法

著 作 人 — 洪世杰
發 行 人 — 趙元美
社　　　長 — 吳榮斌
編　　　輯 — 羅煥耿
美術設計 — 劉玲珠
出 版 者 — 文經出版社有限公司
登 記 證 — 新聞局局版台業字第2424號
＜總社・編輯部＞：
地　　　址 — 104 台北市建國北路二段66號11樓之一（文經大樓）
電　　　話 — （02）2517-6688（代表號）
傳　　　真 — （02）2515-3368
E-mail — cosmax.pub@msa.hinet.net
＜業務部＞：
地　　　址 — 241 台北縣三重市光復路一段61巷27號11樓A（鴻運大樓）
電　　　話 — （02）2278-3158・2278-2563
傳　　　真 — （02）2278-3168
E-mail — cosmax27@ms76.hinet.net
郵撥帳號 — 05088806文經出版社有限公司
新加坡總代理 — Novum Organum Publishing House Pte Ltd.　　　TEL:65-6462-6141
馬來西亞總代理 — Novum Organum Publishing House (M) Sdn. Bhd.　TEL:603-9179-6333
印 刷 所 — 通南彩色印刷有限公司
法律顧問 — 鄭玉燦律師（02）2915-5229
發 行 日 — 2010年 7 月 第一版 第 1 刷
　　　　　　　　 7 月　　　 第 2 刷

定價／新台幣 250 元　　　　　　　　　　　Printed in Taiwan